SUPERVISÃO E ORIENTAÇÃO EDUCACIONAL:
perspectivas de integração na escola

CB041317

EDITORA AFILIADA

Dados Internacionais de Catalogação na Publicação (CIP)
(Câmara Brasileira do Livro, SP, Brasil)

Supervisão e orientação educacional : perspectivas de integração na escola / Mírian Paura S. Zippin Grinspun (org.). — 4. ed. ampl. — São Paulo : Cortez, 2008.

Vários autores.
ISBN 978-85-249-1376-1

1. Orientação educacional 2. Supervisão escolar I. Grinspun, Mírian Paura S. Zippin.

08-01931   CDD-371.203

Índices para catálogo sistemático:

1. Orientação educacional e supervisão escolar :
   Educação   371.203

2. Supervisão escolar e orientação educacional :
   Educação   371.203

MÍRIAN PAURA S. ZIPPIN GRINSPUN (Org.)

Elma Correa de Lima • Maria do Carmo Maccariello
• Mary Rangel • Mírian Paura S. Zippin Grinspun •
Rosy Rosalina Scapin

SUPERVISÃO E ORIENTAÇÃO EDUCACIONAL:
perspectivas de integração na escola

4ª edição ampliada
3ª reimpressão

CORTEZ
EDITORA

SUPERVISÃO E ORIENTAÇÃO EDUCACIONAL: perspectivas de integração na escola

Mírian Paura Sabrosa Zippin Grinspun (org.)

Capa: DAC
Preparação de originais: Ana Maria Barbosa
Revisão: Sandra Regina de Souza
Composição: Linea Editora Ltda.
Coordenação editorial: Danilo A. Q. Morales

Direitos para esta edição
CORTEZ EDITORA
Rua Monte Alegre, 1074 — Perdizes
05014-001 — São Paulo – SP
Tel.: (11) 3864-0111   Fax: (11) 3864-4290
E-mail: cortez@cortezeditora.com.br
www.cortezeditora.com.br

Impresso na Índia — janeiro de 2015

Sumário

Apresentação à 4ª edição

O objetivo da primeira edição deste livro foi demonstrar o trabalho desenvolvido por supervisores e orientadores educacionais ressaltando a importância dessas atribuições, assim como mostrar a inter-relação que essas áreas mantêm *no e com* o contexto escolar, visando sempre a participação crítica e consciente dos alunos e a melhoria da qualidade do ensino e da educação.

O objetivo desta nova edição — com o acréscimo de mais um capítulo — foi o de apresentar, discutir e analisar a formação, hoje, desses profissionais, levando-se em consideração a determinação das novas Diretrizes Curriculares que regem o Curso de Pedagogia no Brasil.

O dado mais significativo que se coloca neste momento é o *espaço/locus* onde deve ocorrer a formação dos orientadores e supervisores, procurando identificar os pontos mais relevantes e os pontos mais controvertidos dos documentos apresentados para esta formação.

A identidade do Curso de Pedagogia, ao longo da história da educação brasileira, nos aponta para dados que estão direcionados para formação dos *pedagogos*, para formação de docentes e, de uma forma mais abrangente, a formação de educadores e de especialistas . Assim, podemos observar nesta historicidade que a formação desse profissional/ pedagogo vai desde a formação de um técnico em educação, nos primórdios do século passado, até a formação de um pedagogo mais direcionado para a licenciatura, mas com em diferentes *acessos* na gestão pedagógica. Tivemos, durante muito tempo a estrutura desse curso na caracterização de bacharel e licenciado, no perfil de uma formação denominada de *3+1*, isto é , três anos de bacharelado e um ano de licenciatura.

O que temos percebido é que as novas diretrizes e orientações curriculares do Curso de Pedagogia têm gerado uma problemática significativa, na medida em que essas diretrizes foram instituídas pela Res. CFE Nº 1 DE 15/05/2006. Essa Resolução, por sua vez, foi resultante de outros documentos legais que a fundamentaram, acrescida, também, das contribuições da Associação Nacional pela Formação dos Profissionais da Educação — ANFOPE, que demonstrou que era possível uma estrutura curricular única para o Curso de Pedagogia — licenciatura e bacharelado. O objetivo por ela assinalado foi o de aproximar a questão da ação educativa com a ação docente.

O que torna claro com esta nova Reolução é a continuidade da discussão sobre o que se entende por Pedagogia, sua estrutura em termos de conhecimento pedagógico e da formação de licenciados. Paralelamente a este debate, acresce a discussão sobre a formação dos especialistas em educação, termo originado com a Lei 5540/68. O que o novo capítulo se propõe é apresentar a formação desses profissionais da educação — orientadores e supervisores educacionais — a partir dos documentos legais vigentes, ratificando mais uma vez a importância destes no cenário educacional desses profissionais.

Apresentação

A concepção deste livro teve origem no Curso de Pós-graduação Lato Sensu, em Orientação Educacional e Supervisão Escolar, realizado na Faculdade de Educação, da Universidade do Estado do Rio de Janeiro (UERJ), a partir de 1995. Até o início da década de noventa o Curso de Pedagogia, da UERJ, como o da maioria das Faculdades de Educação do país, habilitava o aluno para as especializações devidas de acordo com o Parecer 252/69, fazendo com que este aluno, ao concluir o seu curso, estivesse habilitado em uma das três áreas disponíveis, em especial, a Orientação Educacional e a Supervisão Escolar, (a habilitação Inspeção Escolar quase não era oferecida). Com a reforma curricular da Faculdade de Educação da UERJ, no início dos anos noventa, esses dois cursos passaram a ser ministrados em nível de pós-graduação lato sensu, sendo que inicialmente eram oferecidos separados, e só no final dos anos noventa eles se apresentam em conjunto, portanto, o aluno/professor conclui o seu curso habilitado nas duas áreas: Orientação Educacional e Supervisão Escolar.

Duas observações têm nos chamado atenção, ainda hoje: a primeira diz respeito à questão dos *especialistas da educação* (aqui incluídos supervisores, orientadores e administradores/diretores) que são vistos e de forma diferenciada dos demais *profissionais da educação (professores)* não só no sentido do seu papel e suas funções, mas na *necessidade ou não* de sua presença na escola. Excetuando o Diretor, da Escola, os demais especialistas, de modo geral, têm sempre que explicar/definir/argumentar sobre o seu lugar no espaço da escola, da sociedade e qual a sua contribuição efetiva no campo educacional. Impressiona-me como as perguntas/as expectativas, no caso da Orientação se repetem ao longo da história: um profissional que *pode resolver todos os problemas da escola; um profissional que tem que conhecer todos os alunos problemas; um profissional que contemporiza os atritos e conflitos na escola, etc.* Nesta observação identifico, também, que hoje há uma redução do número de especialistas nas escolas embora, não nos surpreendamos ao encontrar outros profissionais exercendo aquelas funções. Em segundo lugar, ou por outro lado, temos observado que a cada ano a procura pelo Curso da UERJ vem crescendo significativamente; como aumentou o número de Secretarias Municipais de Educação — pelo menos no Rio de Janeiro — que realizou concursos para essas áreas. Acredito entre outros pontos que a demanda nas escolas e em particular os concursos que têm sido oferecidos nestes campos, com destaque para a Orientação Educacional e o próprio interesse em ser um *especialista da educação* tem propiciado esta procura ao Curso a UERJ.

A equipe de professores deste Curso, junto com sua Coordenação, tem realizado avaliações constantes no sentido de torná-lo o mais *produtivo* possível, a formação mais precisa e que atenda — cada vez mais — às necessidades das Escolas, fazendo a inter-relação teoria prática de forma contínua e sistemática. Estamos trabalhando no sentido de oferecermos uma formação devida que o possibilite a atuar na escola, intervindo na realidade para a construção de uma sociedade mais justa e mais humana para todos nós. Dos nossos encontros em busca das idéias que melhor o fundamentassem e ouvindo, também, e muito, nossos alunos fomos construindo um curso que se ainda não é o ideal é o caminho para chegarmos ao ideal sonhado. Um dos *sonhos* — *como este livro* — está a caminho da realidade: socializar, um pouco nossas idéias e preocupações com área específica e sua colaboração no cenário educacional.

Neste livro apresentamos trabalhos de cinco professores que dele participaram no último curso procurando entender e analisar a Orientação Educacional e a Supervisão Escolar com um olhar múltiplo: primeiro destacando as especificidades de suas áreas; segundo fazendo a ponte da interseção e integração entre as duas áreas (Orientação e Supervisão) e em terceiro o olhar do instituído e instituinte dessas áreas e seu trabalho, suas atividades na escola numa perspectiva de mudança e de transformação. As histórias contadas, os textos apresentados direcionam para uma reflexão da Orientação e da Supervisão, no momento atual, no contexto atual, sem procurar *vencedores ou vencidos*, sem procurar separar *alunos e professores*, mas sim tentando uma unidade — que eu diria — interdisciplinar no trabalho que realizam. Aparentemente fácil a integração, torna-se muito difícil na prática esta efetivação uma vez que os saberes/ fazeres desses profissionais foram *esculpidos historicamente*, em forma que se direcionassem para os alunos, no caso da Orientação e para os professores, no caso da Supervisão.

É relevante apontar que estas *especializações* (vou usar novamente a expressão, tomando o cuidado, porém de não separá-las, na ação, não direcionar para discussões internas do que há algum tempo se caracterizou como os especialistas sendo os responsáveis pela divisão social do trabalho na escola) se deparam com limites históricos, dentre os quais destacamos o fato de a Orientação Educacional ter sido voltada mais para os alunos problemas, ou para *resolver/solucionar* as situações desfavoráveis/difíceis dentro da Escola. Parece-me que a Escola tem um programa/projeto para cumprir e desenvolver e tudo que não acontece de acordo com o previsto ou *atrapalhe* o desejado ou passa a ser um caso para ser resolvido *por alguém* que ao enfrentar a situação faça-a voltar aos *trilhos pedagógicos.* Na realidade não é assim que caminha a escola, uma vez que uma série de fatores-políticos, históricos, críticos-sociais, interferem no seu processo de desenvolvimento, e os fatos, conhecimentos não ocorrem de forma linear, mas sim através de redes múltiplas de saberes/fazeres onde se integram/interagem razões e emoções de seus diferentes protagonistas. Cada Instituição — por melhor que se diga que é pública ou particular, fazendo uma diferenciação básica — é única com abordagens diferenciadas no seu contexto cuja práxis de construção de suas metas têm que considerar uma série de possibilidades, mas também de limites e dificuldades nas obtenções de seus resultados.

Quero, então, apresentar estas áreas, pelas vozes/falas de seus profissionais já me posicionando que estamos querendo contribuir, e muito, para que a escola, seus protagonistas, possam desenvolver um trabalho da melhor qualidade possível. Nossa parcela é de somar esforços para pensar junto, analisar junto, caminhar junto, procurando desvelar o desconhecido e (re)significando o que a escola precisa (re)significar.

Como concepção norteadora deste livro temos a construção de pensamentos/idéias que não se fechem na totalidade (ou na pretensão de uma escola pronta e acabada), distante da vida social e do contexto que a produz e no qual ela interfere; queremos abrir espaço para uma escola que *sabe o que quer*, portanto, tem um projeto, uma meta e sabe que além da objetividade dos conhecimentos o que a caracteriza é a construção da subjetividade, em particular dos alunos, numa atitude o mais possível plena, inteira, que o leve a perceber os conteúdos sistematizados no exercício de sua aprendizagem, mas que seja capaz também de provê-los com a capacidade e sensibilidade de fazer a leitura do sentido de mundo que o rodeia.

O livro é constituído de por cinco artigos — de orientadores e supervisores — que buscam esta parceria do saber, e do saber/fazer no sentido de dar ao professor/leitor o espaço para complementar nossas idéias com as suas idéias, num diálogo permanente, franco e leal.

No primeiro texto *Rosy Rosalina Scapin* fala-nos do *Começo... Tropeços... Recomeços* em que ela vai nos contar um pouco da sua trajetória como professora/orientadora e do papel do educador ao longo da história que o acolhe. Falanos, também, dos estudos de Habermas propostos no agir comunicativo, lembrando-nos que o objetivo do autor *é estimular processos de auto-reflexão e autoquestionamento que levem os sujeitos a assumir livremente suas idéias e seus pensamentos.* Rosy fala-nos dos trabalhos em grupo, de sua organização e importância para a construção dos seus atores.

Maria do Carmo Maccariello aborda o tema *A construção coletiva da escola: consciência, representação e prática social* colocando-nos desde as mudanças do mundo atual até sua repercussão na escola, mostrando que a reconstrução da escola se constitui num processo contínuo e permanente diante das circunstâncias históricas. O texto caminha até as representações sociais, mostrando-nos as representações que a escola tem e faz e que para tal é necessário ouvir alunos e professores, também, com suas representações, levando em conta seus níveis de consciência, atuando de modo integrado com as diferentes instâncias da sociedade civil e também lutando contra uma visão neoliberal que procura reduzir a escola numa questão meramente técnica, numa concepção de escola empresa, deixando de lado o conhecimento numa dimensão ético político e social.

Mírian Paura S. Zippin Grinspun no seu texto *O papel da Orientação Educacional diante das perspectivas da escola* procura analisar o trabalho da Orientação Educacional, hoje, nas escolas, sem descuidar de quatro pontos básicos: a necessidade da orientação, nas escolas no papel de mediação/articulação de diferentes campos do conhecimento e da sociedade; a questão da interdisciplinaridade dentro da escola buscando ajudar a Instituição e em especial *todos* os alunos da escola numa perspectiva de colaboração que promova as condições satisfatórias para a construção de sua subjetividade; aponta o porquê desta necessidade, chamando a atenção para a fragmentação/globalização e discutindo os momentos que o mundo vive e que o sujeito faz parte dessas questões, que envolve a globalização, as novas tecnologias e o próprio contexto da pós-modernidade e por último a Orientação na dimensão dos valores e identificando a questão ética como necessária ao desenvolvimento do indivíduo na sua dimensão do *vir-a ser*.

Elma Correa de Lima no seu artigo intitulado *Refletindo políticas públicas e educação* nos mostra como as políticas públicas foram se construindo a partir da influência neoliberal na Educação; aborda a questão do currículo e da avaliação como estratégia nas mudanças do cenário educacional. Elma é Supervisora Educacional e seu olhar, neste texto, se volta para os diferentes tipos de avaliação, propostos pelas políticas vigente indo inclusive ao campo dos Parâmetros Curriculares Nacionais. Como a escola trabalha e realiza as políticas públicas no seu espaço são indagações que a professora nos propõe a analisar numa direção que não se fecha na Supervisão mas que é e deve ser assumida por toda a Escola.

Mary Rangel com o seu artigo *Temas integradores da Supervisão Pedagógica, Orientação Educacional e a Comunidade escolar* apresenta-nos uma proposta diferenciada, com os *valores, conceitos e enfoques da ética, do meio ambiente, e do cotidiano escolar,* buscando pelo princípio da contextualização a inter e transdisciplinaridade de conhecimento e práticas. Os temas visam a contemplar os tópicos da atualidade e algumas das características da vida social e pedagógica em torno das quais orientadores e supervisores são chamados a colaborar. Mary, supervisora pedagógica procura-nos levar ao princípio da contextualização e como poderemos construir a educação para um mundo, uma *vida melhor.*

Muitos outros temas foram trabalhados no nosso curso, é claro; o objetivo, entretanto desse livro foi mostrar primeiro que é possível um trabalho integrado na teoria, na argumentação, na fundamentação e em segundo que se na prática, na escola não existe a separação de tarefas, no sentido de acabar uma e começar a outra, precisamos visualizar estudos/análises que dêem conta deste trabalho integrado e participativo, ouvindo os diferentes segmentos e não fazendo da Escola uma *caixa preta* que o aluno um dia nela vai entrar/tocar. E por tudo que nela acontecer poderá a vir a ser o seu principal responsável. Todos, sem exceção, somos convidados a trabalhar/participar nesta escola, numa dimensão crítica, contextualizada e que tenhamos em mente, como o gato de Alice no País das Maravilhas, qual o lugar/meta que se quer chegar, pois nesse sentido ficará muito mais fácil *saber como se chega lá* qual o caminho que deve-

mos perseguir. Acredito — e eu diria que com muita certeza
— que Orientadores e Supervisores são (e serão) profissionais indispensáveis nesta escola crítica e contextualizada
para ajudar nesta caminhada em busca dos objetivos de seu
projeto político-pedagógico. Conosco, já podem contar.

Bibliografia

CERTEAU, Michel de. *A invenção do cotidiano — artes de fazer*. Petrópolis, Vozes, 1994.

GRINSPUN, Mírian Paura S. Zippin. *A Orientação Educacional —
conflito de paradigmas e alternativas para a escola*. São Paulo,
Cortez, 2001.

_____. (org.). *A prática dos Orientadores educacionais*. São Paulo,
Cortez, 1994.

HOBSBAWM, Eric. *A era dos extremos o breve século XX — 1914-
1991*. São Paulo, Companhia das Letras, 1995.

Começo... Tropeços... Recomeços

Rosy Rosalina Scapin

Seu padre toca o sino que é p'ra
Todo mundo saber
Que a noite é criança, que o samba é menino
Que a dor é tão velha que pode morrer
Não chore ainda não!

Chico Buarque

Lembro ainda a minha primeira turma. Cheguei na escola substituindo a professora Ilka que não conheci mas ainda lembro, já que, durante algum tempo, as crianças trocaram nossos nomes. Neste primeiro contato me foi dito pelas crianças que a fila da esquerda era o jardim da infância apesar da turma ser de 2ª série. Explicaram que eram os de notas mais baixas já que a cada prova mensal a professora os arrumava por ordem de nota. Lá atrás sentava o menino Fernando, bem longe da minha mesa e, junto com os outros daquela fila, ridicularizado por todos. No dia seguinte desmanchei aquela arrumação. Mostrei às crianças como não era justo e, em nada ajudava, arrumar os alunos assim. Trouxe o Fernando para perto de mim. Organizei a sala em gru-

pos que eu mudava a cada quinze dias. A norma era coope-
rar; em todos os grupos uns auxiliavam os outros. Os cadernos eram corrigidos toda semana e a regra era competir
consigo mesmo, ser cada vez melhor. Melhorar na letra, na
redação, nos cuidados com os cadernos, no trato com o ami-
go, na brincadeira do recreio. Não interessava ressaltar os
primeiros mas conhecer as qualidades de cada um e dar
oportunidade a todos de se desenvolver.

Começou assim, lá atrás, meu percurso na Educação.
Estávamos em meados dos anos 50 e ser professora primá-
ria tinha o sabor de "ser alguém", de ter crescido e conse-
guir o respeito dos parentes, dos vizinhos e das pessoas que,
em torno da escola, nos reconheciam na rua.

O controle da organização escolar nas mãos da direto-
ra e de algumas auxiliares, coordenadores, se a escola tinha
muitas salas e turmas. Acompanhando de perto o trabalho
escolar, havia os DECs (Distrito de Educação e Cultura), por
sua vez ligados todos ao órgão central. Deste provinham as
listagens de conteúdos por série e as provas finais que pro-
moveriam, ou não, os alunos. Na estrutura escolar não esta-
vam previstos orientadores nem supervisores. Aos professores total liberdade pela escolha dos métodos didáticos e igual
responsabilidade pelo sucesso ou fracasso dos alunos.

Ao final de cada ano conhecíamos a avaliação docente
baseada no percentual de aprovação. Daí uma certa disputa
em torno da distribuição de turmas a cada início de ano, já
que as turmas se organizavam das melhores para as piores
notas no ano anterior. O critério adotado para a escolha de
turmas priorizava o tempo de serviço na escola e no magistério. Como conseqüência as turmas mais difíceis ficavam
nas mãos dos mais inexperientes.

A democratização do ensino modificou progressivamente este quadro. As provas passaram a ser organizadas

primeiro nos DECs, depois na própria escola. Estas e outras mudanças trouxeram outros profissionais para a estrutura escolar no sentido de aprimorar as concepções metodológicas de então.

Minha experiência no magistério das primeiras séries, o curso de Pedagogia, cinco anos como professora numa escola normal e um curso de especialização em nível de pósgraduação me levaram, a partir dos anos 70, à função de orientadora educacional.

Ser orientadora, na bem estruturada equipe do SOE (Serviço de Orientação Educacional) do Instituto de Educação do Rio de Janeiro, significava ter, sob sua responsabilidade, quatro ou cinco turmas e sobre elas atuar em encontros semanais na sala de aula e em atendimentos individuais, na medida das necessidades apontadas pela instituição ou pelos próprios alunos. Nos encontros semanais coordenávamos atividades que permitiam uma interação mais livre e espontânea; debatíamos temas de interesse da turma, estimulávamos que se falassem e se ouvissem, trocassem idéias e opiniões sobre a escola, a vida, o mundo.

Nosso objetivo maior era o ajustamento escolar do aluno e funcionávamos como um serviço inserido na instituição como um "algo a mais" para o encaminhamento dos alunos considerados "problemas" na estrutura escolar. Em geral de dois tipos: os que não aprendiam e os que não obedeciam.

Recebíamos esses encaminhamentos e, a partir daí, iniciávamos uma série de entrevistas com o próprio aluno, contatos com responsáveis, conversas com os colegas professores, tudo no intuito de compreender e intervir adequadamente na situação apresentada. Este trabalho demandava tempo, pois incluía uma análise cuidadosa e uma escolha sensata sobre alternativas de ação.

Por várias razões, que podem ser pensadas desde a demora de resultados imediatos até condições de trabalho diferenciadas, nem sempre nos sentíamos integrados aos professores. Olhados com desconfiança por eles que, ou não compreendiam o nosso trabalho, ou consideravam que agíamos contrariando seus desejos de punição. Diziam que "passávamos a mão na cabeça" de aluno.

Foram muitas as reuniões de conselho de classe em que tentávamos, exaustivamente, explicar aos colegas o papel e a atuação do SOE na estrutura escolar.

Mas, talvez, nem nós mesmos soubéssemos com clareza nosso papel na escola. Falávamos de clima institucional, de clima educativo, de respeito às diferenças, de compreender os fatores socio-emocionais, sem bem reconhecer como atingir este intento. Sugeríamos leituras humanizadoras que, por poucos momentos, pareciam aproximar os participantes da reunião de professores para, no dia seguinte, estarmos às voltas com os conflitos de sempre. *Grosso modo* poderíamos dizer que estávamos envolvidos com as necessidades e razões dos alunos; estes vítimas que se sentiam do arbítrio de professores.

Nesta época, algumas influências foram contagiando o discurso pedagógico. Falava-se em visão sistêmica, em modelo empresarial, em setores especializados contribuindo para atingir objetivos operacionalizados. Palavras como *input* e *output,* condições tecnicistas sobre mecanismos de entrada, de processo e de saída. O aluno visto como a matéria-prima que na fábrica se transforma no produto final previsto.

E surge então o "tripé", nome dado ao conjunto direção, supervisão escolar e orientação educacional, estes como assessores de assuntos específicos. Um novo papel, uma nova atuação. Agora inseridos no planejamento, no desenvolvimento e na avaliação do processo educativo.

Não mais a reboque do já acontecido; não mais esperando encaminhamentos numa sala especial que muito poucos gostariam de freqüentar. Não mais um recurso extremo após tentativas inócuas.

Agora podíamos opinar, sugerir, prevenir, propor, intervir, participar do planejamento para que a ação educativa se aprimorasse, fosse mais adequada à realidade do aluno. Éramos a voz do aluno, diziam.

Se, por um lado, isto nos oportunizou um campo mais abrangente de influência e ação, por outro mais nos distanciou dos professores. Trouxe os orientadores e os supervisores para o círculo estreito do poder numa época em que o autoritarismo se intensificara e o exercício da administração pública estava sub-judice. *Alimentadas pelo medo, força e submissão se entrelaçavam fazendo de toda ação educativa oficial um grande faz de conta, um parecer mais que ser, um aparente consenso encobrindo a resistência latente. Como foi a transformação do II grau em ensino profissionalizante.*

Sob este período cresceram as divergências não expressadas, os antagonismos competitivos, a luta por usufruir do poder instalado; nem sempre ético, nem sempre justo e virtuoso, nem sempre constitutivo da cooperação e da solidariedade. Anos de chumbo, já disseram. Tempos de mediocridade à solta, da bajulação em moda, da subserviência como possibilidade de sobreviver. Tempos dos afastamentos e das remoções sem justa causa; dos desaparecimentos e do silenciar os discordantes.

E nós, orientadores e supervisores, chamados ao exercício do poder. "Poder de polícia", que alguns reivindicavam. De boa memória em termos do aprendizado que proporcionou, de péssima memória por conta da especialização e da divisão que estimulou.

Não sei, não sabemos, o quanto de nossa atuação como assessores técnicos do processo educativo colaborou para as mudanças necessárias na pedagogia escolar. Não sei, não sabemos, qual a exata influência desses profissionais no percurso de transformação da escola brasileira. Nem ainda concordamos todos sobre as conseqüências da mudança. Só sabemos que a escola brasileira se transformou e no momento atual em muito pouco lembra a escola de antigamente. Coisa que para alguns leva a nostalgias suspirosas e para outros significa desafio e oportunidade.

No período da democratização, a volta ao estado de direito foi lenta e progressivamente mostrando um viés novo para a compreensão de antigos problemas. Ao momento de crítica e revisão do processo político brasileiro se somou uma visão crítica da educação, da escola e da atuação de professores no sistema escolar brasileiro.

A divulgação das idéias de Paulo Freire propondo uma educação popular como alternativa ao elitismo e seletividade da escola brasileira, alimentava o debate em torno dos resultados da educação escolar. A leitura de seus textos possibilitava uma visão política da educação, chamando a atenção dos educadores para o papel da escola na reprodução da desigualdade de oportunidades de escolarização.

Pedagogia do Oprimido, Pedagogia Crítica dos Conteúdos, Pedagogia do Conflito. Exercícios de reflexão, análise e propostas para o melhor entendimento dos aspectos políticos da educação no Brasil. A ênfase no esclarecimento de como se integram práticas políticas e práticas escolares.

"É preciso que o professor compreenda a estreita relação entre as práticas sociais e a sua prática escolar."

Demerval Saviani (1983, p. 89)

Os teóricos de então nos apontavam que muitas questões concretas que influenciam a prática escolar não nascem apenas dentro delas, mas alimentam-se da sociedade como um todo. Os processos educativos não são apenas implantados num determinado espaço — a escola; estão necessariamente envolvidos com o contexto cultural que a cerca. Contexto este compreendido como um conjunto de elementos que incluem o social, o político, o econômico, o histórico, o cultural.

> Em função desta relação que uma organização necessariamente tem com o ambiente que a cerca, a ação organizacional não depende apenas do **desejo** daqueles que a administram. Ela depende, em grande parte, do empenho daqueles que vão pôr em prática as decisões, da vontade destes em transformá-la em sucesso.
>
> João G. M. Vasconcellos (1996, p. 231)

Assim, autores diversos, daqui e de fora, a fazer com que os educadores compreendessem a estreita relação entre a história de um povo, suas práticas sociais e sua prática escolar. E que levou Paulo Freire a afirmar,

> Precisamos conhecer o que fomos, para compreender o que somos e decidir sobre o que seremos.
>
> Paulo Freire (1983, p. 33)

Na verdade, em nossas reuniões de equipe do grupo de orientadores do Instituto de Educação, já constatávamos e refletíamos sobre a incidência dos mesmos problemas, na repetição das mesmas dificuldades; o que nos fazia perceber o quanto aspectos grupais, institucionais e culturais desencadeavam ou reforçavam "desajustes" pessoais.

Nossa tentativa de compreensão sempre nos levava a refletir como nós, adultos, lidamos e nos relacionamos com as crianças, com os jovens e com o ato de educar. Como a alternativa da repressão, da repreensão e da punição é tão freqüentemente utilizada e vista como a única eficiente. Como este pensar está nas famílias, nos parentes, na comunidade. Como ainda é difícil mostrar que ouvir a criança ou o jovem também é educar. Como os alunos, ou as pessoas em geral, que apresentam uma **diferença** *estão sujeitos à rejeição, à exclusão, ao afastamento. Como se desenvolve uma rede de opressão sobre cada um coibindo, exigindo, cobrando modos semelhantes de sentir, de agir, de pensar.*

O que seguramente nos faltava era a compreensão dos processos históricos que construíram esta ideologia, o quanto cada um de nós está a ela submetido, o quanto de nós a reproduz sem crítica, o quanto de nós não consegue criar alternativas de ação educativa. E, por outro lado, o quanto de nós, sendo criativo, se torna o **diferente** *na estrutura escolar e por isto mesmo, muitas vezes, marginalizado, olhado com hostilidade ou afastado.*

Conhecer e compreender a construção do autoritarismo brasileiro; conhecer e compreender as relações sociais desenvolvidas sobre a relação social básica de senhor e escravo, opressor e oprimido e as conseqüências dela advindas; conhecer e compreender a importância da figura do "coronel" na organização social brasileira em torno do poder pessoal e local; conhecer e compreender o predomínio da moral pessoal sobre a ética coletiva; conhecer e compreender os aspectos constitutivos da desigualdade em relação aos direitos e deveres civis, políticos e sociais no Brasil e, entre esses, o direito à boa escolarização.

Este e outros temas passaram a enriquecer a análise de situações escolares nas quais o orientador educacional é convocado a pensar junto, a opinar, a participar de decisões, de planejamentos ou da construção curricular.

Como afirmou Paulo Freire, em entrevista pouco antes de falecer:

"Meu ponto de partida é o seguinte: só os seres que historicamente se tornaram capazes de saber, se tornaram capazes, ao mesmo tempo, de intervir na realidade condicionadora. Indiscutivelmente, a jabuticabeira que tenho no meu quintal está submetida a condições climáticas e a maior ou menor presença de pássaros. Está submetida à força de sua própria biologia. Só que ela não sabe disso. A jabuticabeira não se assume como um ser reflexivo que descobre ser condicionado pela história, pelo clima etc. Nós, homens e mulheres, ao nos descobrir submetidos à influência da família, da raça, da cultura, da economia, da biologia e da genética, tornamo-nos capazes de nos adaptar às condições. Isso, mais para poder melhor interferir no contexto condicionado."

E ele continua:

"A educação, nessa perspectiva, assume um papel de importância fundamental. É que a educação viabiliza a intervenção. Por isso digo: educação sozinha não faz. Mas pode fazer algumas coisas importantes — entre abrir caminhos e intervir no mundo. Pode ser no sentido de preservar o *status quo* ou no sentido de mudá-lo. Minha opção é mudar. A opção de um educador conservador é preservar. A escola é um palco em que ele e eu podemos trabalhar."

Daí, defendo e pratico uma orientação educacional voltada para as práticas escolares não mais para os problemas individuais de ajustamento escolar. O atendimento destes (sejam alunos, professores ou pais) se torna o ponto de partida de algo maior que é o embate entre a reprodução pura e simples do já conhecido e a criação de alternativas no intuito da intervenção. E deste ponto de vista, nunca como hoje, a escola brasileira necessitou tanto de edu-

cadores progressistas, sejam eles professores, orientadores, super-
visores ou administradores, não importando muito qual função
exercem no processo educativo mas sim se estão empenhados em
preservar ou em mudar.

Minhas experiências mais significativas em orientação edu-
cacional se originaram da minha aproximação aos professores, dos
meus contatos pessoais com todo e qualquer elemento da estrutu-
ra escolar e do meu novo agir na escola. Uma atuação política
voltada a construir entre os profissionais da escola um espaço de
relacionamento mais livre e sincero onde cabem as certezas e as
dúvidas, os acertos e os erros, o sonho e a realidade, o usual e o
diferente, a divergência e a convergência, o pensar e o sentir.

Nestes meus últimos anos de trabalho tenho estado a exerci-
tar a comunicabilidade, o entendimento mútuo, a busca de inten-
ções comuns, o uso do diálogo e da argumentação, a valorização
dos momentos de aprendizado recíproco, a criação de alternativas
educativas, bem como a expressão de meus sentimentos contradi-
tórios e do meu pensar inquieto.

Hoje, o educador brasileiro enfrenta desafios de toda
ordem. Convive com situações imprevisíveis. Diante das
novas exigências experimenta a desconstrução de seu saber
pedagógico acumulado. Vive muitas vezes a sensação de
desamparo. A única saída possível e necessária se configu-
ra na formação de uma equipe de trabalho em que a comunicação exercida ofereça apoio profissional em todos os sentidos; desde a expressão dos afetos e das contradições à pro-
teção e segurança de estar fazendo junto.

E construir esta boa equipe de trabalho se mostra um
vai-e-vem constante e permanente entre o individual e o
grupal, entre o eu e o outro, entre o mim e o nós, entre o
egocentrismo que garante a sobrevivência e a cidadania que
possibilita apoio no coletivo. Construir uma equipe de tra-

balho *suficientemente boa* envolve pensar e agir buscando uma coerência ética.

Mas não parece muito fácil esta construção. A experiência de encontros ou de reuniões profissionais mostra que mais facilmente nos desentendemos que nos entendemos, que mais facilmente competimos que cooperamos, que mais facilmente enfatizamos nossa afirmação pessoal do que participamos do discurso coletivo.

Em vencer este desafio, dedicou-se Habermas a propor o agir comunicativo e o discurso terapêutico; discurso este que levaria a uma maior conscientização de nossos impedimentos em nos comunicarmos e abriria a possibilidade da dissolução de estruturas patológicas que inibem a livre comunicação do sujeito consigo mesmo e com os outros.

Como princípio fundamental, em sua Teoria da Competência Comunicativa, ele propõe uma forma de interação caracterizada pela eliminação de todas as formas de coação externa e interna e, portanto, que os participantes não estejam sujeitos ao medo de se expressar e de participar. E mais, que esses participantes tenham oportunidades idênticas de argumentar e chances simétricas de fazer e refutar afirmações, interpretações e recomendações.

Podemos afirmar ser esta uma visão utópica dos grupos humanos, mas também podemos vê-la como uma oportunidade de libertação. Habermas concebe o papel terapêutico da conscientização de como todos nós estamos condicionados a esquemas defensivos e de falseamento em nossa expressão e comunicação cotidianas. Em como desenvolvemos nossa fala mais em função do que podem pensar de nós ou de como obter poder e menos do que estamos realmente pensando ou sentindo. Seu objetivo é estimular processos de auto-reflexão e autoquestionamento que levem os sujeitos a assumir livremente suas idéias e seu pensar.

Esta proposta representa uma ação política que permitiria o advento de um estado de comunicação interna nos grupos de tal ordem que todos os interessados possam participar de contextos discursivos nos quais se expõem idéias, se argumenta e, em conseqüência, se influencia nas decisões coletivas. Enfim, propõe que usemos nossa reflexão crítica, nossa racionalidade sobre os processos de comunicação que vivenciamos.

Possível? Impossível? Afinal somos todos suscetíveis a processos de transformação pois como diz Humberto Maturana:

> o educar se constitui no processo em que a criança ou o adulto convive com o outro e, ao conviver com o outro, se transforma espontaneamente, de maneira que seu modo de viver se faz progressivamente mais congruente com o do outro no espaço da convivência. O educar ocorre, portanto, todo o tempo e de maneira recíproca. Ocorre como uma transformação estrutural contingente com uma história no conviver, e o resultado disso é que as pessoas aprendem a viver de uma maneira que se configura de acordo com o conviver da comunidade em que vivem (Maturana, 1999, p. 29).

E mais adiante: "Como vivermos é como educaremos, e conservaremos no viver o mundo que vivermos como educandos. E educaremos outros com nosso viver com eles, o mundo que vivermos no conviver." E ele mesmo pergunta: "Mas que mundo queremos?"

Esta é a resposta que cada um de nós, orientadores e supervisores, deve procurar construir. Podemos e devemos também levar outros educadores a este mesmo questionamento. Podemos e devemos dar novo rumo às nossas reuniões de trabalho.

Talvez a resposta de Maturana nos auxilie:

"Quero um mundo em que meus filhos cresçam como pessoas que se aceitam e se respeitam, aceitando e respeitando outros

num espaço de convivência em que os outros os aceitam e respeitam a partir do aceitar-se e respeitar-se a si mesmos."

Encontremos nosso próprio discurso interior. Importante é que busquemos reconhecer o que nos aflige neste mundo, a mim e ao outro, e quem sabe juntos encontremos saídas.

Afinal, como diz o poeta, "a dor é tão velha que pode morrer".

* * *

I

"Nós vos pedimos com insistência:
Não digam nunca
Isso é natural.
Sob o familiar
Descubram o insólito.
Sob o cotidiano,
Desvelem o inexplicável.

II

Que tudo que é considerado habitual
Provoque inquietação.
Na regra, descubram o abuso,
E sempre que o abuso for encontrado,
Encontrem o remédio."

Bertolt Brecht

Bibliografia

FREIRE, Paulo. *Educação e Mudança*. Rio de Janeiro, Paz e Terra, 1983.

HABERMAS, Jürgens. *Consciência Moral e Agir Comunicativo*. Rio de Janeiro, Tempo Brasileiro, 1989.

MATURANA, Humberto. *Emoções e Linguagem na Educação e na Política*. Belo Horizonte, Editora UFMG, 1999.

SAVIANI, Demerval. *Escola e Democracia*. São Paulo, Cortez: Autores Associados, 1983.

VASCONCELLOS, João Gaulberto M. O coronelismo nas organizações: a gênese da gerência autoritária brasileira. In: *Recursos Humanos e Subjetividade*. Petrópolis, Vozes, 1996.

A construção coletiva da escola: consciência, representação e prática social

Maria do Carmo Maccariello

"A relação pedagógica não pode ser limitada às relações especificamente 'escolares' ... existe em toda a sociedade no seu complexo, para cada indivíduo na sua relação com outros indivíduos..."

Antonio Gramsci

As mudanças céleres do mundo atual requerem da escola o repensar das ações direcionadas a reconstruir o processo pedagógico diante de realidades altamente desafiadoras e complexas, ou seja, de uma escola centrada nos princípios do iluminismo, no qual a escola era vista como via da ascensão social, para uma escola que necessita responder, criticamente, aos desafios da atual fase do capitalismo com mudanças centradas na informação e nas novas tecnologias. O encontro de respostas torna-se um desafio para a escola diante não somente destas mudanças, como também das situações geradas pela crise do capitalismo e pela globalização neoliberal com repercussões na escola.

A reconstrução da escola, assim, se constitui num processo contínuo e permanente diante das circunstâncias históricas. Desta forma queremos, com este artigo, contribuir para a reflexão sobre a reconstrução da escola, na perspectiva histórico-crítica, exigindo uma ação coletiva por parte de todos os atores sociais presentes no universo escolar. Uma ação no sentido de repensar o papel social da escola e a proposta político pedagógica adotada, visando uma produção do conhecimento integrada à formação da consciência histórico-crítica, contribuindo, assim, para uma cidadania participativa. Portanto, se constituem em questões centrais deste estudo: construção coletiva da escola, consciência, prática social, ação transformadora da vida social, sociedade, educação e cidadania.

A reconstrução de uma escola pública que pretende ser competente e assumir um compromisso político com uma ação transformadora da vida social, no sentido da eqüidade social, atuará tendo em vista a integração dos conteúdos e das práticas pedagógicas ao contexto social, no que se refere às questões e práticas sociais, nele presentes. Entretanto, ainda que haja algumas exceções, a maioria das escolas desenvolve uma ação pedagógica desarticulada dos problemas e desafios da vida social.

O isolamento da escola conduz a uma ausência de articulação entre o conhecimento escolar e os demais saberes e práticas sociais — uma das condições para a escola contribuir para a transformação social. Embora possa haver esta articulação em experiências pedagógicas locais ou mesmo da parte de alguns professores, individualmente, a tendência, em geral, é a não interação entre a escola e o contexto social. Deste modo, os fundamentos educativos e culturais da escola não são relacionados aos fundamentos educativos e culturais produzidos pelas condições reais de existência, nas quais mulheres e homens constroem um saber próprio vinculado às suas práticas sociais, ao seu trabalho.

A escola, ao interagir com os demais atores sociais, que também fazem a história e se educam nesta construção, tem a possibilidade de contribuir, coletivamente, para a produção de um conhecimento transformador que além da aquisição dos conhecimentos historicamente construídos, propicie uma compreensão crítica das condições sociais, bem como dos aspectos ideológicos presentes no currículo escolar. Numa construção deste tipo o professor torna-se o mediador do conhecimento permitindo ao aluno buscar o conhecimento, sendo o sujeito do seu próprio desenvolvimento intelectual. Um conhecimento, ao mesmo tempo humanizado e humanizante, que explicite os reais determinantes econômicos e sociais de uma realidade social desigual e excludente, compreendendo-a com suas contradições e buscando uma formação humana que, partindo da visão de unilateralidade desta formação se direcione para a omnilateralidade. Segundo Manacorda, o desenvolvimento da omnilateralidade realizar-se-á, através do crescimento da personalidade pelo trabalho, na medida em que " *uma totalidade de homens totalmente desenvolvidos se tenha apropriado de forças produtivas totalmente desenvolvidas/.../no sentido da explicitação absoluta das faculdades criativas do homem*". (Manacorda, 1991: 105).

Assim, esta se constitui numa das condições de um novo humanismo e da formação de um novo bloco histórico, no sentido de uma democracia genuína.[1]As questões

---

1. A expressão genuinamente democrática se baseia na concepção de democracia citada por José Nun ao se referir às dimensões práticas de duas concepções de democracia: ver Boron, Atilio A., 1994. Segundo ele: "uma democracia genuína nunca existiu em nosso continente", a América do Sul. O autor qualifica

pertencentes ao âmbito da educação e, especificamente, à escola pública, não estão restritas ao interior da escola. Uma prática pedagógica desvinculada do contexto social tende a ser uma prática tecnicista, abstrata, alienada e alienante, porque não está referida à totalidade, na qual os fenômenos e os fatos sociais interagem e que podem ser compreendidos, na sua essência, quando se estabelecem as suas interações, de modo global e a sua dimensão histórica. A escola pública tem presente, no seu interior, as relações vivenciadas "fora da escola", que se caracterizam por serem relações sociais de produção do sistema capitalista, portanto, próprias de uma sociedade de classe. Assim, ao ignorá-las, a escola não avança na sua contribuição para a transformação da vida social, no sentido da emancipação das classes populares.

A história da escola se apresenta, na maioria das vezes, através da história oficial e não da história que se constrói no cotidiano escolar, pela ação dos atores sociais envolvidos, uma história da qual todos participam e não uns mais que outros. A educação pública tem sido, historicamente, direcionada pelos níveis decisórios de ensino e articulados com as diferentes políticas governamentais, os quais, em sua maioria, impõem diretrizes educacionais, normas e "pacotes" pedagógicos à escola, ignorando a especificidade de cada escola e o conhecimento nelas produzido. A base do sistema de ensino — a escola e os seus construtores: os atores sociais que ali atuam — geralmente não tem "voz" nas

---

e distingue estas duas concepções: *"uma coisa é conceber a democracia como um método para a formulação e tomada de decisões no âmbito estatal; e outra bem distinta imaginá-la como uma forma de vida, como um modo do cotidiano de relação entre homens e mulheres que orienta e que regula ao conjunto de atividades de uma comunidade. Estou aludindo ao contraste entre uma democracia governada e uma democracia governante, isto é genuína."* (Nun apud Boron, 1994: 9)

decisões educacionais. Mesmo que os professores possuam uma certa autonomia no espaço da sala de aula, há uma ausência de inter(ação) entre os diferentes níveis do ensino. Assim, o aprofundamento do estudo da prática docente requer ouvir as professoras com suas representações sobre a escola e sobre suas práticas pedagógicas, destacando-se como eixo dos estudos — as práticas docentes no coletivo de reconstrução da escola e a necessária inter(ação) entre a escola e o contexto social. Apesar de a relevância das representações sociais não ser absoluta, é através destas que os atores sociais expressam "*a realidade, explicam-na, justificando-a ou questionando-a*" (Minayo, 1995: 89).

A prática docente se constitui num dos elos fundamentais no processo de reconstrução da escola. Estas práticas não são "neutras", pois, mesmo agindo de modo inconsciente ou consciente, podem contribuir para a reprodução das desigualdades sociais ou para a transformação social. Na ação pedagógica, estão subjacentes as concepções de mundo dos seus atores e correspondem aos diferentes níveis de consciência, o que pode originar ações nas quais há um compromisso político com a consolidação da democracia ou ações que visam à manutenção das estruturas de poder vigentes, que marginalizam grandes parcelas da população.

Consciência e prática social

Na ação pedagógica, é importante considerar os graus de consciência dos atores sociais nela envolvidos e as suas representações sobre o mundo social, porque estes se expressam nas suas ações educativas.

No estudo das práticas docentes, é relevante incluir como categoria de análise as questões relativas à formação

da consciência porque é através da prática social, integrada
à ação pedagógica, que os atores sociais constroem sua consciência. Esta categoria indica como estes atores conduzem
suas práticas sociais e, ao mesmo tempo, é a partir destas
que é possível se comprometerem ou não com uma ação
transformadora da sociedade, numa perspectiva concreta
de igualdade e, conseqüentemente, na perspectiva de uma
democracia genuína. Deste modo, Marx (1989: 27) afirma
que há uma relação dialética entre pensamento e ação na
formação da consciência.

Uma prática pedagógica coletiva busca a unidade entre esta e o contexto social, e se efetiva segundo os graus
de consciência e os conhecimentos elaborados dos atores
nela envolvidos: educadores, profissionais, pais — educandos, tendo como referência as suas próprias práticas
sociais. A relevância da categoria consciência se relaciona,
também, ao fato de que a ação educativa pode contribuir
para a percepção crítica do modo de produção capitalista e
dos seus mecanismos de exploração e de produção das desigualdades de classe (Marx, 1977: 24). Essa percepção
avança na medida em que há a transformação da consciência, propiciando um posicionamento questionador
diante do projeto da classe dominante e dos seus interesses de classe, num intercâmbio teórico-prático entre os atores sociais envolvidos no fazer pedagógico, mediado pelas circunstâncias.

Num posicionamento crítico e questionador será necessário considerar como se construiu e se constrói o projeto neoliberal hegemônico — de supremacia do mercado em
detrimento das demandas sociais — através da divulgação
da ideologia que o legitima, buscando o consenso no plano
ideológico. A construção do projeto neoliberal busca trans-

formar sua ideologia[2] em senso comum, atuando nas consciências dos cidadãos e influindo nas representações sociais[3], no sentido de aceitação e legitimação de seus propósitos, a serem aceitos pelo consenso. Por conseguinte, encontra-se em curso uma "naturalização" das atuais condições sociais de exclusão e pauperização, abstraindo-as das relações sociais de dominação e poder presentes na economia de mercado. Portanto, numa ação transformadora na educação, destaca-se o papel da consciência para uma nova leitura da

---

2. Para Gramsci, (1981: 16), a ideologia significa *"uma concepção de mundo que se manifesta implicitamente na arte, no direito, na atividade econômica, em todas as manifestações de vida individuais e coletivas"*. O autor destaca que as ideologias são *"uma superestrutura necessária à estrutura"*, uma vez que *"organizam as massas humanas, formam o terreno sobre o qual os homens se movimentam, adquirem consciência de sua posição..."* Esta ideologia seria a de significado forte, diferenciada das ideologias *arbitrárias, racionalistas* que apenas se direcionam a ações individuais, porém ainda assim são úteis porque *"funcionam como o erro que se contrapõe a verdade e a afirma."* (1981: 62-63). Neste sentido o autor ressalta a relevância das ideologias historicamente orgânicas na transformação da sociedade em contraposição a ideologias *arbitrárias* e mistificadoras, difundidas pela classe dominante em diferentes épocas.

3. O conceito de representações sociais apresenta diversas abordagens conforme a área de conhecimento, entre as quais destacam-se a Psicologia Social e a Sociologia: Durkheim as utilizou enquanto representações coletivas dos grupos sociais. Entretanto, com aquela denominação, encontra-se nos estudos da Psicologia Social indicando os pensamentos dos sujeitos individuais e se constituindo numa *"modalidade de conhecimento particular que tem por função a elaboração de comportamentos e a comunicação entre os indivíduos"* (Moscovici, 1978: 56). Ainda, Spink (1995) relaciona as representações sociais às teorias do senso comum, porque através deste as pessoas edificam seu cotidiano e criam seus conhecimentos e pensamentos. Lane, em outro texto, aponta que: *"Nas representações podem-se detectar os valores, a ideologia e as contradições, enfim, aspectos fundamentais para a compreensão do comportamento social. (Lane, 1995: 59). Sobre este assunto consultar, também, a coletânea de artigos sobre representações sociais em Spink (1999). Na perspectiva dialética, encontra-se a análise de Gramsci sobre: o senso comum, o bom senso e as ideologias na construção de uma nova sociedade, integrando-os às representações. Destacam-se também, os estudos de Saviani (1990), sobre o processo de desenvolvimento do senso comum.

realidade, uma compreensão das relações de poder, dos mecanismos de cooptação utilizados pelos agentes conservadores, para uma intervenção social com vistas ao exercício da cidadania.

1. Formação da consciência e transformação social

O movimento de superação do senso comum, relativo à consciência verbal — espontânea e fragmentada, própria dos indivíduos simples, para a consciência histórico-crítica — organizada e integrada, requer a compreensão desse movimento a partir da unidade teoria e prática e levando em conta ter este a característica de ser dinâmico, complexo e contraditório mediado pela *práxis*[4]. De acordo com Gramsci (1981: 21), *"a consciência de fazer parte de uma determinada força hegemônica (isto é a consciência política) é a primeira fase de uma ulterior e progressiva autoconsciência na qual teoria e prática se unificam"*, entretanto, o autor ressalta que esta unidade não é um fato mecânico, *"mas um devenir histórico que tem em sua fase elementar e primitiva"* um sentido de independência, ainda que intuitiva, porém, progredindo até alcançar uma concepção do mundo unitária e coerente.

As concepções de mundo, na ótica gramsciana, construídas a partir da ação, se constituem no modo pelo qual homens e mulheres adquirem a consciência de sua posição na sociedade: organizam-se (ou não), reivindicam (ou não) a sua participação no poder político da sociedade.

---

4. De acordo com Konder, a práxis, na concepção marxista, "é a atividade concreta pela qual os sujeitos se afirmam no mundo, modificando a realidade objetiva e, para poderem alterá-la transformando-se a si mesmos. É a ação que, para se aprofundar de maneira mais consequente precisa da reflexão, do auto-questionamento, da teoria: e é a teoria que remete á ação, que enfrenta o desafio de verificar seus acertos e desacertos, cotejando-os com a prática" (Konder, 1992: 11).

Todavia, há concepções de mundo sistematizadas e aceitas consensualmente, mas que não foram elaboradas pelo coletivo dos atores sociais, mas sim por um grupo de intelectuais orgânicos da classe dominante que as elaborou, difundiu-as e persuadiu outros, para que fossem aceitas e válidas para toda a sociedade. Assim, cada classe possui um grupo de intelectuais que elabora uma fundamentação teórica, segundo os seus propósitos de classe (Gramsci, 1981: 88). Contudo, as concepções de mundo da classe dominante não são aceitas pela maioria da população de modo puro e passivo, mas repensadas diante das suas percepções espontâneas de mundo e de suas representações.

Há, contudo, um predomínio das concepções de mundo próprias de uma determinada classe que é dominante na sociedade, influindo, através de uma racionalidade imposta, no cotidiano da maioria dos atores sociais, de acordo com os propósitos hegemônicos desta classe, através de um processo de saturação ideológica das consciências. Todavia, a aceitação desse processo, pela maioria, não se efetiva de forma homogênea, porque as concepções da classe dominante interagem com as crenças, concepções de mundo e valores próprios das mulheres e dos homens simples pertencentes às classes populares. Sendo que as primeiras são vivenciadas sob a forma de dominação e as últimas sob a forma de subordinação, ainda que nem sempre de modo amplo, porque trazem a possibilidade de serem vivenciadas, também, sob a forma de conflitos e resistências.

Na análise da formação das diferentes concepções, é importante levar em conta a relação entre a filosofia da classe dominante, a filosofia espontânea das massas e os aspectos destas que foram incorporados, modificados e aqueles que permaneceram como formas de conduta aceitas, consensualmente, pela maioria da população. É preciso consi-

derar que as relações entre infra-estrutura e superestrutura, entre economia e consciência-ideologia-educação seguem o movimento dialético, não se determinam de forma mecanicista, porém se articulam com a mediação da
ação dos homens.

A relação entre a classe dominante e as classes populares acontecem numa realidade, que se caracteriza por ser
uma totalidade complexa pela pluralidade de grupos e conflitos de interesses que nela interagem. Esta relação determina momentos diferenciados: momentos de subordinação,
transgressão e negociação, segundo as circunstâncias históricas e os níveis de conhecimento, compromisso político e
de organização das classes populares.

Segundo Gramsci (1981), todo ator social pensa sobre
sua ação, constrói visões de mundo que o orientam nas suas
ações, a partir das suas vivências cotidianas, portanto, há
um certo grau de consciência na ação humana mais simples, pois uma ação não é puramente mecânica, uma vez
que há um ato de pensar ao agir, originando uma filosofia
de vida. Assim, na visão gramsciana, todo ator social é um
filósofo, apesar de não ser o especialista nesta função, o que
exigiria fundamentação teórica, rigor e visão da totalidade.
Assim, a filosofia de uma época é o momento contraditório
de um conjunto amplo no qual se combinam a filosofia dos
filósofos, a dos intelectuais e as visões de mundo de grandes parcelas das massas populares (Gramsci, 1981: 7).

As concepções de mundo se relacionam com os diferentes níveis de consciência desde o que poderia ser um
estágio elementar da consciência: a consciência verbal, própria do senso comum até a consciência histórico-crítica, con-
duzindo a uma ação teórico-prática. Ressalta-se que esta tem
a característica de ser unitária, coerente e sistematizada e
pressupõe a relação dialética ação-reflexão, prática-teoria,

determinando uma *práxis*. Esta se constitui, assim, numa ação transformadora, na qual a realidade objetiva é modificada pela prática dos atores sociais e estes através desta se modificam. Entretanto, a prática, para deixar de ser um simples ativismo, necessita da reflexão, da teoria, dando-lhe um significado e corrigindo possíveis desvios. Na *práxis* há uma relação recíproca entre objetividade (prática) e subjetividade (teoria).

A consciência verbal (senso comum) constitui-se na filosofia espontânea das massas e se forma a partir das vivências dos atores sociais, não tendo uma base teórica que a sistematize. Assim, contém aspectos alienantes, já que a compreensão e as representações sobre o real se limitam apenas à aparência dos fenômenos sociais, não estabelecendo suas interações e conexões com a realidade social. A consciência verbal, própria do senso comum, contudo, se constitui na matéria-prima para a elaboração da consciência histórico-crítica. Há formas de resistência na consciência verbal, nas quais a tomada de consciência se direciona para uma compreensão da realidade e para uma ação contestadora das concepções dominantes, indicando o núcleo válido do senso comum, o *bom senso* (Gramsci, 1981: 21).

A consciência verbal, em geral, é expressa através de representações fragmentadas e ambíguas, porque as estruturas determinantes da dominação, ou da hegemonia não são visíveis ao simples olhar, próprio do senso comum. É preciso, portanto, olhar além das aparências das estruturas e dos fenômenos sociais, buscando a sua essência num processo permeado pela atividade teórico-prática. A aparência representa o conhecimento imediato sobre a realidade social, sendo que a análise crítico-teórica possibilita que se desvele como os mecanismos de dominação são produzidos na prática social a partir das relações sociais capitalistas e, também, como o conhecimento científico pode se colocar ou não a serviço do desenvolvimento da humanidade. O conhecimento imediato se expressa, geralmente, em conceitos fechados e aceitos sem crítica, embora seja necessário considerar o *bom senso* que se baseia na experiência vivida e na observação direta da realidade, possibilitando contraposições à ideologia dominante. Os princípios do liberalismo: liberdade, igualdade e acesso à propriedade para todos os cidadãos, divulgados ideologicamente pela classe dominante, ficam distantes, concretamente, da discriminação, desigualdade e do não acesso da maioria aos bens materiais e culturais produzidos socialmente.

Assim, a desigualdade social produzida pelas relações sociais de produção é aceita e reproduzida, muitas vezes, pelos próprios atores sociais, ainda que não tenham a consciência deste fato. As desigualdades são percebidas como "naturais", pois as concepções individualistas e de mérito pessoal que as justificam são incorporadas ao senso comum e, ideologicamente, aceitas e legitimadas.

O olhar sobre o fenômeno social pode revelar a sua essência ou se deter somente na aparência, dificultando a compreensão do contexto no qual este se insere. O saber proveniente do senso comum percebe apenas o imediato deste, ou seja, a sua manifestação e, como não o vincula à essência, não estabelece suas conexões com a totalidade social e as contradições nela presentes, construídas pelas relações sociais.

A análise crítico-teórica, própria da consciência histórico-crítica, contribui para superar uma visão parcial dos fenômenos sociais, pela qual existiriam universos autônomos e separados, substituindo esta por um conhecimento dos fenômenos sociais em suas relações no interior de uma totalidade contraditória, em processo e inacabada. Assim conhecer, concretamente, esta totalidade pressupõe:

[...] um processo de concretização que procede do todo para as partes e das partes para o todo, dos fenômenos para a essência e da essência para os fenômenos, da totalidade para as contradições e das contradições para a totalidade (Kosik, 1985: 41).

A totalidade é compreendida quando se estabelece a vinculação das partes com o todo e das partes entre si, considerando o seu movimento, em constante criação pela atividade dos atores sociais. A realidade na sua totalidade concreta só pode ser apreendida quando se remete a sua dimensão social e histórica — o modo como, historicamente, os atores sociais em suas atividades transformam a realidade e, nesta ação se transformam, produzindo, assim, a história, o conhecimento e a cultura.

No processo de conscientização, pela própria relação entre o indivíduo e o contexto social e pela dialeticidade ação-reflexão, não se pode definir etapas cronológicas no desenvolvimento da consciência histórico-crítica ou determinar características que, a "rigor", possam identificar os diferentes níveis da consciência. A consciência é construída permanentemente a partir das circunstâncias históricas e das vivências singulares dos atores sociais diante destas circunstâncias.

Os diferentes níveis da consciência são um conjunto de influências originárias: do pensamento — conceitos herdados do passado e, em geral, apreendidos sem crítica — e das idéias dos grupos dominantes ou hegemônicos divulgadas pelas instituições culturais e políticas representativas destes grupos.

As concepções de mundo, baseadas na consciência verbal (senso comum), são concepções fragmentadas, desarticuladas e simplistas, próprias das mulheres e homens simples das classes populares, porém com possibilidades de elaboração crítica a partir do *bom senso*.[5]

Neste ponto será importante ressaltar:

- as concepções de mundo da classe dominante caracterizam-se por serem unitárias e coerentes de forma ampla, uma vez que necessitam corresponder aos seus propósitos de direção e de poder na sociedade. Mesmo quando há divisões e divergências nos seus modos de pensar e de agir, esta classe apresenta uma certa unidade, isto porque, para exercer o domínio ou a hegemonia na sociedade, precisa afirmar suas concepções e propósitos particulares, de modo coerente e, aparentemente, atendendo aos interesses comuns da sociedade, fazendo crer que estas servem aos interesses de todos. Assim, divulgam suas concepções que, incorporadas ao senso comum, tornam-se universalmente válidas (Marx, 1989: 49). Além disso, uma classe, ao pretender ser hegemônica, apesar de ter grupos com interesses diferenciados, tende a superar as divergências e a se unir, quando há uma oposição aos seus propósitos ou em momentos de crise que ameacem a sua hegemonia;

- a consciência fundamentada nas concepções de mundo, próprias do senso comum, dificilmente se modifica diante de uma razão intelectual mais elaborada, porque são concepções apoiadas em crenças e valores fortemente instalados e cuja rejeição pode ocasionar, nos atores sociais, a insegurança e o medo de enfrentar novos caminhos, rever relações ou assumir compromissos políticos que possam significar o

---

5. Para Gramsci o bom senso se constitui no "núcleo sadio" do senso comum, o potencial de criticidade nele presente.

afastamento do grupo ao qual pertencem. É possível, portanto, que a rejeição à mudança se origine do medo de se isolar do seu grupo social, das pessoas que pensam e têm as mesmas crenças, das pessoas com mais experiência e que transmitem os valores e os conhecimentos inerentes à tradição do grupo, capazes de manter a coesão grupal. Também esta rejeição à mudança pode ser produto de uma adesão acrítica às idéias hegemônicas com forte poder de persuasão social. Deste modo, torna-se relevante a participação dos atores sociais em grupos organizados que visem à reflexão-ação coletivas, para que os elementos nos quais se baseiam as diferentes concepções de mundo possam ser compreendidos, a partir da prática no cotidiano dos atores sociais e da teoria produzida, através da confrontação e do diálogo no sentido da elaboração crítica da teoria, tendo em vista uma ação consciente e transformadora da vida social;

• as concepções de mundo da classe dominante, mesmo quando difundidas pela mídia e pelas instituições educativas e culturais, têm seus limites e possibilidades na própria prática das mulheres e dos homens, na medida em que se tornem conscientes (ou não) e com um significado diante desta prática.

Uma classe dominante pode vir a ser hegemônica, quando consegue o consenso das massas ao seu projeto político e uma integração dos diferentes grupos sociais que a constituem — as elites econômicas e políticas. Desta maneira, quando houver maior consenso e coesão entre esses grupos, haverá maiores dificuldades de propostas alternativas emancipatórias capazes de eliminar os mecanismos de dominação. Portanto, nesta situação, há maior coesão e alianças entre os grupos dominantes, com o apoio de grande parte dos formadores de opinião, buscando um alto índice de consenso e adesão das massas às propostas e modelos hegemônicos, favorecendo uma estabilidade, ainda que provisória, das relações sociais capitalistas. Contudo, como a história é movimento e é construída pelos homens, há possibilidade de surgimento de propostas de uma sociedade genuinamente democrática.

A classe dominante no capitalismo alcança a hegemonia quando suas idéias se tornam consensuais, "naturalizando" os mecanismos de espoliação das classes populares, através da idéia dos talentos, capacidades e méritos individuais. Neste momento, é provável que o processo de conscientização se torne aparentemente mais lento, uma vez que as organizações e movimentos da sociedade civil passam por um certo grau de desmobilização diante das alianças das elites, da aceitação de parcelas significativas da população às regras impostas pelos grupos hegemônicos, de uma propaganda pela mídia acenando com a melhoria da qualidade de vida e divulgando o medo do caos pelo retorno ao descontrole inflacionário, ocultando a crescente concentração de renda e das diferenças entre classes sociais. Estas diferenças, presentes na atualidade de modo mais agudo, ratificam a teoria das classes sociais conforme a concepção marxista, em contraposição a posturas teóricas que a consideram como desnecessária e obsoleta. (Oliveira, 1994)

As instituições pedagógicas, tais como: os movimentos sociais, os sindicatos, a igreja, a escola, os partidos políticos e uma parcela da mídia independente, assumem um papel fundamental na tomada de consciência pelos atores sociais das situações de dominação e dos mecanismos que ocultam o real. Os seus agentes pedagógicos poderão ter a função de consenso ou de dissenso, de aprovação ou de denúncia, de passividade ou transgressão, dependendo das concepções de mundo subjacentes às suas ações: reprodutoras, aparentemente neutras e/ou emancipadoras (Gramsci, 1982: 27).

A transformação da vida social requer a reciprocidade entre a ação-reflexão, entre a prática-teoria. É também um processo, simultaneamente, individual e coletivo: primeiro, é individual porque pode-se ajudar uma outra pessoa a desenvolver uma consciência histórico-crítica, mas este desenvolvimento constitui-se num ato reflexivo próprio, porque é na ação-reflexão que os atores sociais constroem e estruturam a sua consciência e o seu conhecimento, pois são os sujeitos sociais que reelaboram criticamente o conhecimento adquirido ou produzido, a partir das circunstâncias vividas, concretas e imediatas; segundo, é um processo coletivo que exige a confrontação, a discussão e o diálogo, de modo solidário, com outros atores sociais — suas práticas e conhecimentos num movimento contínuo de aperfeiçoamento no sentido da reelaboração da consciência e do conhecimento, tendo em vista uma ação transformadora. Esta reelaboração e a consideração de seus limites torna-se importante. Segundo Morin: *"a idéia que nosso conhecimento é limitado tem conseqüências ilimitadas"* (Morin, 1986: 180).

O espaço da organização coletiva, no qual se efetiva a reflexão teórica, a partir das atividades dos sujeitos sociais, possibilita a unidade entre prática e teoria, já que uma não pode prescindir da outra. Não é possível distinguir ou criticar o contexto social e seus mecanismos de dominação sem uma base teórica. Por outro lado, a teoria sem estar relacionada com a prática perde o significado, porque não está referida às relações sociais, de modo concreto, dificultando a ação transformadora da vida social. Nesta ação as teorias são testadas diante da prática dos atores — mulheres e homens que tecem a história social — surgindo então novos problemas e novos conteúdos teóricos, originando novas práticas sociais, tendo em vista a consolidação democrática.

O movimento de ação-reflexão, evidencia-se, de forma difusa, no intercâmbio entre os atores na sociedade e de forma sistematizada na escola e demais instâncias educativas da sociedade. A ação-reflexão no sentido da consciência histórico-crítica requer considerar a pluralidade dos olhares destes atores sobre a realidade e a parcialidade do conhecimento diante da dinamicidade do social, pressupondo a superação da consciência verbal (senso comum). Por vezes, passando da subordinação e da passividade diante das situações de dominação para uma ação política transformadora da realidade social, para uma *práxis*.

A superação da consciência verbal significa, na visão gramsciana, passar do momento puramente econômico (egoísta-passional) na direção da consciência histórico-crítica que corresponde ao momento ético-político, culminando numa ação coletiva emancipatória. Esta requer um progressivo movimento, no qual há a passagem do *"reino da necessidade"* ao *"reino da liberdade"*, pelo qual as estruturas que submetem mulheres e homens transformam-se em instrumentos de sua emancipação, é o momento da *"catarsis"*, o ponto de partida da filosofia da práxis, através da qual o homem intervém no mundo de forma livre e consciente (Gramsci, 1981: 53). Entretanto, as transformações sociais têm mais probabilidades de acontecerem em situações de crise, quando as contradições do modelo hegemônico explicitam-se mais fortemente. A crise de hegemonia apresenta-se como uma crise não só política e econômica, mas também das idéias e dos valores dominantes que passam a ser contestados, podendo-se agravar com o não atendimento, no limite, às necessidades básicas da população, tais como: o emprego, moradia, educação e saúde.

A compreensão de que são os atores sociais que transformam e são transformados pelas circunstâncias se aprofunda no desenvolvimento da consciência histórico-crítica. A consciência verbal se, de um lado, pode apresentar uma passividade com concepções que reproduzem ou justificam as crenças e valores da classe dominante, de outro, pelas próprias contradições geradas pelo sistema capitalista, podem apresentar ações que propiciem a denúncia e, também, o compromisso com a emancipação das classes populares, em momentos nos quais estas contradições se agravam e há uma crise dos valores dominantes.

A transformação da realidade social, todavia, concretiza-se no nível da consciência histórico-crítica, na qual dialeticamente o momento da objetividade (ação) e da subjetividade (pensamento) resultam numa *práxis*, pois como afirma Marx *"é na práxis que o homem precisa provar a verdade, isto é, a realidade e a força, a terrenalidade do seu pensamento"* (Marx, 1989: 94).

A *práxis* compreende uma ação consciente e transformadora, no sentido da igualdade e democracia social, porém fundamentada pela teoria que a organiza e a sistematiza, resultando numa nova ação e na elaboração de uma nova teoria. A prática pedagógica, desarticulada da teoria, resulta em simples ativismo, em uma atividade repetitiva, abstrata e mecânica. De outro lado, a teoria desarticulada desta prática torna-se pura abstração, se constituindo na divulgação de conceitos genéricos e muitas vezes dogmáticos, reforçando os mecanismos de reprodução social, pela ausência do questionamento e da problematização dos conceitos divulgados diante da realidade social, ou seja, os relacionando às questões de poder que permeiam as relações sociais.

A compreensão da essência dos fenômenos sociais se realiza através do confronto entre a atividade material e o referencial teórico, numa educação permanente, através de práticas formadoras dos atores sociais.

Na perspectiva dialética, o ser da *práxis* é um ser em processo se construindo e construindo o mundo numa ação recíproca. De acordo com Marx, o homem não é produto do meio ou da educação, mas mediatizado por estes se transforma na medida em que transforma a realidade social. Assim, os educadores educam e se educam na *práxis* (Marx, 1989: 94). Nesta ação de transformação da realidade, incluindo a educacional, pela *práxis*, não há um grupo superior "intelectualmente" aos outros na sociedade (idem, ibid.). Neste sentido, considerar a história individual das mulheres e dos homens tecendo a história da sociedade, o que em geral não é apresentado pela história oficial. Assim, nos tempos atuais, as análises dos fenômenos sociais tendem a valorizar, também, a história oral, como fonte de dados para a compreensão da realidade.

Os atores sociais, na medida em que compreendem as conexões entre a realidade vivida e as relações sociais capitalistas, têm a possibilidade de, em intercâmbio com outros atores, se conscientizarem da necessidade de uma ação transformadora, superando a visão fragmentada originada pelo isolamento e objetivando alcançar uma visão mais concreta, produto do debate do encontro e do diálogo com outras percepções das questões sociais na busca da compreensão da dinamicidade da vida social. Uma dinamicidade que, atualmente, encontra-se acelerada pelas mudanças que atingem, de modo global, as nações.

A *práxis* é uma atividade questionadora e transformadora do contexto social. É uma ação que intervém no mundo e o transforma na direção da igualdade concreta entre os atores sociais e entre as nações. Este processo é complexo, porque exige a troca e a reflexão sobre as contradições presentes na realidade social, a partir das diferentes vivências dos atores sociais, num movimento de crítica e autocrítica, supondo o exercício de uma cidadania participativa nos debates e decisões coletivas, no âmbito dos negócios públicos. Esta participação requer o acesso às informações e uma atuação, em conjunto, com os grupos organizados da sociedade civil. Assim, enquanto ação própria da consciência histórico-crítica, se diferencia da prática própria da consciência verbal (senso comum), porque demanda cidadãos mais livres e conscientes, numa atuação que visa à igualdade social e à conseqüente transformação das relações sociais injustas e desiguais.

2. Sociedade brasileira, cidadania e educação

Na sociedade atual, caracterizada: pela velocidade das informações, veiculadas de forma imediata e global; pelo isolamento e solidão nas grandes cidades e pela diluição das identidades dos cidadãos, o pertencer a grupos organizados da sociedade civil significa maiores oportunidades de analisar, criticamente, os impactos das descobertas e das mudanças aceleradas do capitalismo globalizado. A reflexão teórico-prática compartilhada enseja a possibilidade de uma atitude questionadora diante do conjunto de idéias e valores divulgados através dos mecanismos de reprodução do modelo sócio-econômico da classe dominante com vistas a sua hegemonia, já que o poder dos conhecimentos e das informações que preservam este modelo, em geral, encontram-se sob o controle de uma parcela minoritária na sociedade. Neste sentido, as organizações da sociedade civil são a concretização possível da tomada de consciência e da ação coletiva, na direção de uma nova sociedade.

As cidadãs e os cidadãos vivem na sociedade atual envolvidos pelo turbilhão das grandes cidades, nas quais são homens-massa, quase autômatos, o que muitas vezes as(os) impedem de ter um distanciamento para olhar criticamente a vida social. Este distanciamento pode não significar omissão ou um não compromisso político, mas uma ausência de tranqüilidade para que possam distinguir na modernidade: as conquistas e progressos tecnológicos, que significam um avanço social, incluindo o acesso a estes das parcelas majoritárias da população e as que servem à perpetuação do poder da classe dominante e acessível a uma minoria da população, contribuindo para a crescente apartação social.

O exercício da cidadania crítica e consciente é uma possibilidade para todos. De acordo com a concepção gramsciana, todos os cidadãos deveriam ter condições de serem governantes — terem acesso à formação cultural e política. Ainda que nem todos possam ser governantes, todos deveriam ter condições de exercer esta função, mesmo porque a fiscalização e a participação dos cidadãos nos negócios públicos é uma das condições da cidadania (Gramsci, 1981). Neste sentido, requer uma formação cultural e política, na qual a escola, enquanto uma instância de ensino formal, assume um papel relevante nesta formação, juntamente com outras instâncias educativas da sociedade.

Numa democracia genuína, as oportunidades de acesso ao mercado de trabalho e à cultura letrada, incluindo a educação escolar são, concretamente, democratizadas. No sistema capitalista, há uma igualdade apenas formal diante das desigualdades sociais crescentes de classe, gênero e raça, já que estas são atribuídas às diferenças individuais e não à sociedade de classes. Essas desigualdades acentuam-se nos tempos atuais, em escala mundial pela globalização da economia de mercado, pela exclusão social e pela denominada Terceira Revolução Industrial, introduzindo a automação, a micro-eletrônica e a robótica, originando um agravamento das condições de trabalho e um aumento das desigualdades entre as regiões e entre as nações. Este quadro é agravado, em nível regional, nacional e mundial, entre outros fatores, pelas relações de dominação e pela competição existente e acrescido pelo protecionismo econômico dos países centrais, o que dificulta um mundo mais justo e solidário.

A cidadã e o cidadão têm direitos e responsabilidades sociais, participam da vida da cidade, entretanto uma participação significativa tem como um dos requisitos fundamentais, o domínio da cultura letrada e do conhecimento escolar que as(os) auxilie no desvelamento dos mecanismos de exclusão social, pelos quais muitos têm mais deveres e menos direitos. A escola pública, laica e gratuita, portanto, tem sido uma reivindicação histórica das classes populares. Não só o ingresso, mas a permanência na escola é relevante para a produção do conhecimento e para a formação da cidadania, principalmente, quando esta contribui com o objetivo de que os cidadãos possam conhecer, distinguir, criticar e reivindicar seus direitos. O domínio do conhecimento é o primeiro passo, tendo em vista realizar a sua crítica e reelaboração, tendo presente que estas, também, poderão ser efetivadas fora dos muros da escola. A cidadania implica dois aspectos fundamentais: o conhecimento e a liberdade; o primeiro supõe que, pelo conhecimento, os cidadãos têm acesso à informação e à cultura, propiciando problematizá-lo e reconstruí-lo diante do contexto social, e o segundo porque a liberdade concreta significa liberdade humana total nos seus aspectos políticos, econômicos e culturais, o que é diferente da concepção de liberdade presente nos discursos oficiais e na legislação, mas que na prática não é efetivada.

Historicamente, no contexto brasileiro, se instituiu uma cidadania regulada pelas elites representadas no Estado, o que dificulta uma cidadania participativa. As práticas oriundas de uma cultura política autoritária, bem como o confronto de interesses antagônicos constituem-se em limites a esta participação. Entretanto, apesar deste fato, o pleno exercício da cidadania tem sido uma conquista das classes populares, na defesa dos seus interesses, enquanto classe e, como a própria história tem demonstrado, afirma-se nas lutas pelos seus direitos.

Numa sociedade desigual, mas aparentemente democrática, há uma distância significativa entre o discurso de igualdade e a prática concreta, na qual nem todos os cidadãos têm oportunidades educacionais e profissionais, uma vez que uns são mais "iguais" que outros, pois as questões relativas à cidadania se vinculam às relações de poder na sociedade. As opções de ingresso e de permanência na educação escolar, exemplificando, são seletivas de acordo com a classe, gênero e raça, assim como o acesso aos bens materiais socialmente produzidos.

A questão da cidadania associa-se ao debate sobre as possibilidades da consolidação democrática brasileira. A hegemonia neoliberal tem gerado um aumento do índice de desemprego, da pauperização absoluta e relativa e da exclusão de parcelas significativas da população, no que se refere às condições básicas de sobrevivência, acentuando deste modo as desigualdades. A interpelação no momento atual, diante do programa neoliberal brasileiro é: quais são os princípios democráticos deste programa? Os princípios democráticos e o exercício da cidadania, em grande parte, foram ocultados pela contenção inflacionária. Se, de um lado, o discurso e a prática político-estatal valorizam a estabilidade econômica, de outro reduzem as políticas sociais a um patamar mínimo. Segundo Benevides, *"em vez de ser ponto de partida, a estabilização se tornou um fim em si mesma"* (Vitória Benevides, *Folha de S. Paulo*, 12.05.97: 7).

Temos, atualmente no país, um governo "democrático formal" que estabeleceu como meta a contenção inflacionária, mas que não contempla os direitos do cidadão que se expressa, entre outros aspectos, no desemprego crescente e no aumento do mercado informal; na miséria exposta nas ruas e praças; no abandono nas ruas da infância empobrecida; na violência urbana; na luta pela terra; nas agressões ambientais; na impunidade e na corrupção, geralmente, consentida ou tolerada e na utilização dos recursos públicos para fins privados.

A história de nosso país tem sido a de uma cidadania usurpada dos pobres, das mulheres, dos negros, dos índios, acompanhada pela crescente concentração de renda e pela supremacia de uma classe que mantém a sua hegemonia através de discursos democráticos e medidas que significam colocar "o Brasil na era da modernidade", mas que na prática não se concretizam, já que não atingem as reais necessidades das populações excluídas.

As elites políticas tiveram e têm um caráter imediatista e reproduzem, embora "com atraso" e adaptando às realidades locais, os modelos econômicos sociais e culturais dos países centrais, do qual o neoliberalismo brasileiro tardio é um exemplo, entre outros.

As mudanças sociais têm sido realizadas "de cima para baixo", atendendo às diretrizes das agências internacionais das quais as políticas governamentais são dependentes, porém atendendo, no limite, às reivindicações das entidades organizadas da sociedade civil.

A história brasileira tem apresentado situações paradoxais com alternância de períodos ditatoriais e intervalos democráticos, numa democracia ainda não consolidada e com a existência de partidos políticos frágeis, o que tem originado uma democracia que se inicia a cada período histórico, enfraquecendo o desenvolvimento de uma cultura política democrática. Estas situações influem na concretização da educação para a cidadania. A democracia e a vivência da cidadania são situações relativamente recentes — a maioria dos cidadãos, que fazem parte da população economicamente ativa, viveram períodos políticos de ditadura e de uma democracia incipiente. E, ainda, o retorno à democracia, em processo de consolidação, aconteceu somente na última década e, mesmo assim, com um período de transição democrática controlada diante do crescente aumento dos índices de exclusão social (Gentili, 1999).

A sociedade brasileira vive uma democracia ainda frágil, na qual pela Constituição de 1988 foram garantidos, em grande parte, através da participação da sociedade civil, os direitos constitucionais, abrangendo a maioria da população. Entretanto esta Constituição vem sendo desfigurada em conquistas legítimas já consolidadas, como é o exemplo do projeto de Lei de Diretrizes e Bases da Educação Nacional elaborado com a participação das entidades representativas da sociedade civil, incluindo associações docentes e discentes e que, após longo período tramitando na Câmara dos Deputados, foi substituída por uma nova Lei, que atende aos princípios que visam à hegemonia das elites políticas no país (Saviani, 1998).

As conquistas democráticas são o resultado de práticas políticas da classe dominante tendo em vista obter o consenso da sociedade de modo geral e também resultam das lutas e reivindicações das classes populares pelos seus direitos fundamentais. Houve avanços nesse sentido, principalmente através da atuação dos setores organizados da sociedade civil garantindo as conquistas sociais, apesar de parcelas significativas da população terem ficado à margem do exercício da cidadania.

A crença numa democracia genuína e a cidadania, requisitos para a educação numa perspectiva crítica e participativa, são construídas e aperfeiçoadas através da educação política dos cidadãos — com atuação efetiva nas decisões no que se refere à esfera pública. Desta forma, a democracia exige uma educação política adquirida e sistematizada pelas instâncias educativas da sociedade, para que se formem cidadãos ativos — sujeitos políticos e participantes de uma democracia plena.

Entretanto, o populismo e o clientelismo foram e ainda se constituem em entraves à educação política, porque as instituições governamentais aliadas às elites distribuem "dádivas ou benefícios" às elites e estas aos cidadãos empobrecidos, o que oculta os mecanismos de dominação, através do paternalismo e do apadrinhamento, gerando dívidas "de gratidão" ou laços afetivos que impedem uma consciência desmistificadora destes mecanismos, uma das condições necessárias para o exercício da cidadania.

Uma democracia se fundamenta na participação, controle e gestão dos negócios públicos. A educação política incipiente, a baixa escolaridade e o nível de consciência verbal de parcelas significativas da população, bem como as idéias difundidas pelas classes hegemônicas, aceitas consensualmente, são alguns dos entraves ao exercício da cidadania e à percepção da necessidade de reivindicação de um Estado representativo da vontade popular.

Numa sociedade na qual prevalecem grandes desigualdades sociais e econômicas, os atores sociais mais qualificados educacionalmente têm maior acesso às informações divulgadas socialmente, o que pode propiciar a estes distinguir os significados das mudanças sociais e políticas e a que propósitos elas servem. Esta qualificação, também, pode significar maiores possibilidades de superar a consciência verbal (senso comum) na direção do desenvolvimento da consciência histórico-crítica. Os demais poderão ter maiores dificuldades de distinguir, de forma global, os significados destas mudanças pela ausência da sistematização no processo de ação-reflexão.

A educação requer uma educação para a cidadania, sendo assim, se constitui em parte integrante do processo de conscientização com vistas a uma participação efetiva na construção de uma sociedade genuinamente democrática. Esta educação exige a informação, o debate, a reflexão dialógica e coletiva, a partir das condições de vida e trabalho dos atores sociais.

Apesar das conquistas populares históricas que consolidaram os direitos fundamentais da cidadania, na concepção do senso comum, em geral, as diferenças socioeconômicas e as questões sociais raramente são vistos como originários das relações de poder na sociedade, mas sim como se fossem "obra do destino ou uma fatalidade", como se algo externo às relações sociais capitalistas produzisse essas diferenças. Há uma certa indignação diante das situações injustas, porém isto, muitas vezes, não concorre para a realização de uma análise crítica que, compreendendo a conexão entre a crise atual e o modelo político-social e econômico excludente e concentrador da renda, possibilite o compromisso com uma ação coletiva emancipadora. Marx assinala para a necessidade desta ação-*práxis*, quando se refere ao papel dos filósofos, podendo se estender a todos os cidadãos: *"Os filósofos só interpretaram o mundo de diferentes maneiras; do que se trata porém é de transformá-lo"* (Marx, 1989: 97).

A tendência, em geral, é a de culpar o "grupo de políticos" pelas medidas corporativistas e protecionistas, o que é uma parte da "verdade", a outra parte é que o sistema representativo de governo exige uma participação dos cidadãos na defesa dos seus direitos, mas também uma vigilância em relação às atuações dos seus representantes nos poderes instituídos. A política, na maioria das vezes, é vista, pelo senso comum, como sendo a área exclusiva dos "políticos" e não como a construção coletiva dos cidadãos que, inclusive, precisam mudar a política. Moisés aponta para o fato de que no país,

> [...] os efeitos desiguais da modernização combinaram-se com sobrevivências do autoritarismo, com a preservação de estilos políticos tradicionais e com os déficits de funcionamento das instituições de representações. A conseqüência disto é a continuidade de padrões de apatia política e de afastamento de amplos segmentos da população da vida política (Moisés, 1994: 36)

Entretanto, apesar desta apatia, o autor adverte que um *"consenso democrático semimajoritário está se formando, é a partir deste que novas iniciativas deverão surgir no sentido da mobilização pela democracia"* (idem, ibidem: 37).

Na sociedade brasileira, em alguns dos seus setores, há uma atitude de descrença nas instituições representativas democráticas e há o crescimento, em outros setores da crença nos valores democráticos. Ao lado disso, há iniciativas locais que apontam para a necessidade da participação e gestão da sociedade civil nas coisas públicas. É possível, todavia, uma cidadania que expresse uma ambigüidade, oscilando entre a apatia e a participação. O cidadão, mesmo consciente da necessidade de modificar a realidade social, pode apresentar um estado de passividade moral e política, pois é provável que a sua consciência entre em contradição com as concepções tradicionais, inerentes a um passado que o liga a um grupo social determinado (Gramsci, 1981: 20).

O espaço local — municípios, cidades, bairros, comunidades, se constituem, atualmente, como uma possibilidade de tomada de consciência e de participação coletiva diante da crescente escalada da globalização neoliberal, na qual o conceito de Estado-Nação se enfraquece (Dowbor, 1996: 70). Esses espaços locais propiciam a realização da cultura política e da cidadania, porque possuem um potencial de participação no poder local, de aglutinação dos atores sociais no debate e na busca de saídas para os problemas comuns, já que estes, pela proximidade, afetam diretamente os cidadãos e propiciam a retomada da direção do desenvolvimento destes espaços por parte da população, o que pode viabilizar a transformação do nível de participação e de decisão política em espaços mais amplos (Calazans, 1998: 53). A articulação dos espaços locais com diferentes espaços que compõem a sociedade propicia o avanço da participação e da cidadania com repercussões na sociedade como um todo, inclusive nas transformações do sistema político em nível regional e nacional.

Um dos entraves ao desenvolvimento da consciência histórico-crítica e à prática emancipadora se encontra nos princípios do liberalismo, já que estes são a matriz das idéias pedagógicas dominantes: a primazia da igualdade e da liberdade, apenas formais. Esses valores fundamentam uma concepção de mundo que, ideologicamente, serve aos propósitos da classe dominante, buscando o consenso e consolidando assim, o seu poder enquanto classe hegemônica. Essa concepção de mundo justifica as desigualdades de oportunidades sociais pelas diferenças individuais. E, ainda, o capitalismo com seu corolário ideológico o liberalismo difundiu a idéia do progresso tecnológico a qualquer preço, mesmo que este acarretasse danos à natureza e ao próprio homem. Todavia, os valores do liberalismo não são assimilados, passivamente, pelas classes populares, porque estas vivenciam as contradições destes numa sociedade desigual. A educação é um dos instrumentos que possibilitam a difusão dos valores neoliberais, porém pode propiciar a sua superação ao assumir uma perspectiva histórico-crítica diante destes valores, analisando suas repercussões no sentido de legitimar a reprodução social.

Ressalta-se, também que, em toda ação educativa, interagem diferentes graus de consciência e visões de mundo, o que pode determinar comportamentos de subordinação às concepções ideológicas dominantes, ou ainda de apatia em relação a estas, assim como comportamentos de transgressão a essas concepções, ocasionando situações de conflito e de resistência. É na compreensão destas situações contraditórias, percebidas e refletidas, coletivamente, com as organizações representativas das classes populares, que a educação pode propiciar a crítica e a reelaboração do saber produzido, no sentido de explicitar os mecanismos concretos que geram as desigualdades sociais — a apartação social.

A educação pode contribuir para a percepção dos fatos e fenômenos sociais na sua essência e para uma concepção de mundo transformadora, na medida que possibilita o confronto entre a teoria — conhecimento e a prática — realidade social, pois segundo Gramsci:

> [...] a unidade da teoria e prática não é um fato mecânico, mas um devenir histórico que tem em sua fase elementar e primitiva no senso de distinção, de separação, de independência apenas instintiva e progride até a possessão real e completa de uma concepção do mundo unitária e coerente" (Gramsci, 1981: 21).

O mundo em que vivemos é o resultado de múltiplas interações. E, ainda para Morin (1985) este mundo se caracteriza pela complexidade, onde tudo é interação, inter-retroação e inter-relação e, assim somos forçados a vê-lo de modo complexo se não quisermos mutilar seriamente a realidade. Por conseguinte, a fragmentação do conhecimento ocasionou o isolamento das diferentes áreas de estudo, se perdendo a visão da totalidade em seus diferentes aspectos relacionados entre si. Este fato reflete-se tanto no conhecimento científico como no senso comum. Os particularismos, as especializações, os individualismos são reflexos desta visão fragmentada.

A educação com vista a uma participação cidadã, requer uma prática interdisciplinar e integradora tendo em vista uma ação coletiva na transformação da sociedade. Assim, pretende superar uma visão fragmentada do conhecimento para uma visão integrada às temáticas socioculturais. O conhecimento científico tem reagido a esta fragmentação através da busca da ação interdisciplinar. Uma educação que vise desenvolver a capacidade de encontrar alternativas sociais, combatendo as fragmentações e simplificações, as quais são, muitas vezes, geradas pelo sistema educacional e, encontram-se presentes no pensamento social, de modo amplo. Dessa forma, tornam-se relevantes os estudos das representações sociais oriundas do senso comum. Uma das teorias que se destacam, na compreensão da dinâmica das interações sociais e na análise dos determinantes das práticas sociais, é a de representação social. Esta teoria baseia-se no fato de que os atores sociais percebem e compreendem a realidade, de modo espontâneo, no nível do senso comum. Esta teoria, nos estudos da Psicologia Social, foi divulgada por Moscovici em 1961. Na análise sociológica encontram-se diferentes abordagens das representações sociais, ressaltando-se os estudos de três autores da Sociologia Clássica: Durkheim, Marx e Weber.

3. Representações Sociais

As representações sociais são um conjunto de conceitos, afirmações e explicações a partir dos acontecimentos vivenciados, podendo ser consideradas, na expressão gramsciana, como originárias do senso comum. Numa perspectiva dialética, as representações, as idéias e o pensamento se constituem no conteúdo da consciência dos sujeitos sociais (Minayo, 1995: 98). As representações expressam o modo como os indivíduos ou grupos apreendem o ambiente mais próximo nos níveis que as estruturas sociais lhes são acessíveis e pelas quais orientam a sua prática social. Assim, as representações se relacionam aos níveis de consciência dos indivíduos, sendo que a consciência é determinada pela atividade material dos atores sociais (Marx, 1989: 26). Há, assim, uma relação recíproca entre representação, consciência e prática social, entendida como atividade material na vida dos atores sociais. A consciência se constitui a partir da vida material e é constituinte desta, portanto, a conscientização é um processo em construção.

As representações são relevantes porque expressam como os grupos sociais percebem o cotidiano, vivenciando as contradições que o permeiam. Portanto, para compreendê-las é preciso dar atenção à linguagem, analisar os discursos e as práticas sociais desenvolvidas pelos indivíduos no cotidiano. Deste modo, torna-se fundamental para a compreensão do universo social no qual se pretende investigar ou atuar, considerar os dados objetivos deste universo e as representações dos atores sociais ali presentes. No caso específico do universo escolar, é indispensável para compreendê-lo ouvir os professores e suas representações sobre a realidade social, seja com vistas ao estudo da escola, seja quando se pretende atuar na capacitação docente.

A opção de investigar as representações não significa maximizar a relevância do cotidiano, porém será necessário, numa perspectiva dialética, integrar o saber da ciência e as práticas do cotidiano, sem excluir estas últimas. É mister, entretanto, reconhecer os limites das representações, uma vez que a interpretação dos indivíduos sobre os acontecimentos e os fatos sociais não lhes permite conhecê-los totalmente, entretanto elas se constituem em instrumentos reveladores da realidade social. Com efeito, Gramsci nos aponta a importância de se considerar, também, o "senso comum", no sentido da criação da história pelos homens. Isto porque as concepções de homem e de mundo de uma época são o conjunto de todas as concepções organizadas e sistematizadas, mas também as percepções espontâneas dos diferentes grupos sociais (representações), tendo em vista a construção da história concreta pelos homens e mulheres, no seu cotidiano (Gramsci, 1981: 32).

Este autor aponta para a necessária relação entre teoria e prática, entre os conhecimentos socialmente construídos e o saber espontâneo, com vistas a contribuir para a construção de uma nova sociedade.

O movimento de reelaboração destes conhecimentos e dos conceitos da ciência diante das representações — "senso comum" — mesmo que fragmentárias, encerra a possibilidade de transformação dos universos conceituais e de ruptura com a tradição.

Deste modo, a palavra tem um papel primordial porque a expressão da consciência é efetivada através da linguagem, revelando como os atores sociais pensam e agem em situações concretas de vida e como estabelecem intercâmbio com outros atores "a palavra é o modo mais puro e sensível de relação social"(Bakhtin, 1986: 36). Ela é a mediação para compreender as representações sociais. E ainda, de acordo com Vygotsky:

O comportamento humano tem uma ação transformadora!...! as palavras desempenham um papel central não só no desenvolvimento do pensamento, mas também na evolução histórica da consciência como um todo. (Vigotsky, 1991: 132)

As representações dos cidadãos indicam um saber construído a partir da sua prática social, incluindo a profissional. Estas representações se apresentam com ambigüidades e perplexidades, uma vez que o sujeito do conhecimento não se guia somente pela lógica, mas também, pela emoção e pela interpretação. A relação daquele saber com a prática social, numa perspectiva histórico-crítica, se traduz numa *práxis*, a qual conforme Kosik:

> [...] compreende, além do momento laborativo, também o momento existencial: ele se manifesta tanto na atividade objetiva do homem, que transforma a natureza e marca com sentido humano os materiais naturais, como na formação da subjetividade humana. (Kosik, 1985: 2)

A práxis compreende, portanto, a unidade entre a prática e a teoria numa perspectiva dialética. Desta forma, conhecer as representações dos atores sociais sobre o contexto social e sobre as suas práticas são fundamentais, porque, a partir destas, torna-se possível a compreensão do movimento de ação e reflexão realizado por estes atores, a partir da sua prática social, diante dos desafios da realidade concreta e imediata e através do qual constroem a sua consciência e o seu saber.

A análise das representações, com suas ambigüidades e indefinições, pode contribuir para a compreensão dos entraves e os avanços nas práticas dos atores sociais, com vistas a uma reflexão-ação construtora de novos caminhos, contribuindo para um projeto democrático e de igualdade social.

A construção da escola encontra possibilidades através da tomada de consciência da necessidade de, coletivamente, discutir as situações desafiadoras do universo escolar, combatendo o isolamento e o individualismo na busca de soluções. Integrando os conteúdos às questões atuais, como: a mercantilização do ensino, a crescente concentração de renda, o desemprego e, também buscando a articulação com os movimentos sociais que lutam para dar vez e voz: às mulheres, aos sem-terra, aos índios, aos grupos étnicos, aos marginalizados urbanos.

Reafirmar, na construção da escola, o ouvir alunos e professores, suas representações, levar em conta seus níveis de consciência, atuar de modo integrado com as diferentes instâncias da sociedade civil, lutando contra a visão neoliberal que, no caso da escola, reduz o conhecimento à questão técnica, numa concepção de escola-empresa e considerando o conhecimento enquanto questão cultural, ética e política, numa concepção de escola transformadora da vida social.

Neste ponto destacam-se limites a uma ação coletiva tais como: os órgãos gestores do ensino, que se caracterizam por medidas impositivas; os cursos de formação de professores nos quais, em geral, estes não são ouvidos — "quem não aprende a ouvir não ouve" — a tendência é repetir os mesmos comportamentos na escola; a fragmentação do conhecimento; as disciplinas dos cursos de formação, em sua maioria não estão integradas, dificultando a vivência de uma ação interdisciplinar, "o discurso está longe da prática". A consciência destes limites na construção coletiva da escola impulsiona, contudo, para a sua superação, afastando o imobilismo no fazer pedagógico.

Bibliografia

ALTVATER, E. *O Preço da Riqueza*. São Paulo, Editora UNESP, 1995.

BAKHTIN, M. *Marxismo e Filosofia da Linguagem*. São Paulo, Hucitec, 1986.

BORON, Atilio A. *Estado, Capitalismo e Democracia na América Latina*. São Paulo, Paz e Terra, 1994.

CALAZANS, Maria Julieta C. Poder Local: a cidadania em construção. In: *Educação em Questão*. Natal, EDUFRN, 1998.

DOWBOR, L. Da globalização ao poder local: a nova hierarquia dos espaços. In: FREITAS, Marcos Cezar (org.). *A Reinvenção do Futuro*: trabalho, educação e política na globalização do capitalismo. São Paulo/Bragança Paulista, USF-IFAN/ Cortez, 1996.

DURKHEIM, E. *Educação e Sociologia*. São Paulo, Melhoramentos, 1965.

_____. As Regras do Método Sociológico. *Os Pensadores*. São Paulo, Nova Cultural, 1988.

GENTILI, P. *Pedagogia da Exclusão*: crítica ao neoliberalismo em educação. Petrópolis, Vozes, 1999.

GRAMSCI, A. *Concepção Dialética da História*. Rio de Janeiro, Civilização Brasileira, 1981.

_____. *Os Intelectuais e a Organização da Cultura*. Rio de Janeiro, Civilização Brasileira, 1982.

HOBSBAWM, E. Barbárie: o guia do usuário. In: SADER, Emir (org.). *O Mundo Depois da Queda*. São Paulo, Paz e Terra, 1995.

KONDER, L. *O Futuro da Filosofia da Práxis*: o pensamento de Marx no século XXI. Rio de Janeiro, Paz e Terra, 1992.

KOSIK, Karel. *Dialética do Concreto*. Rio de Janeiro, Paz e Terra, 1985.

LANE, S. T. Uso e abuso do conceito de representação social. In: SPINK, M. J. M. (org.). *O Conhecimento no Cotidiano*: as representações sociais na perspectiva da psicologia social. São Paulo, Brasiliense, 1995, p. 58-72.

MANACORDA, Mario A. *História da Educação*: da antigüidade aos nossos dias. São Paulo, Cortez, 1991.

MARX, Karl. *Contribuição à Economia Política*. São Paulo, Martins Fontes, 1977.

MARX, Karl & ENGELS, Friedrich. *A Ideologia Alemã*. São Paulo, Martins Fontes, 1989.

MINAYO, Cecilia S. O. O contexto das representações sociais dentro da Sociologia Clássica. In: GUARESCHI, P. et al. *Textos em Representações Sociais*. Petrópolis, Vozes, 1995.

MOISÉS, J. A. A escolha democrática. *Lua Nova*. Revista de Cultura e Política. São Paulo, CEDEC (33), 1994.

MORIN, Edgard. *O Problema Epistemológico da Complexidade*. Lisboa, Publicações Europa-América, 1985.

_____. *O Método III* — O conhecimento do conhecimento/1. Lisboa, Publicações Europa-América, 1986.

MOSCOVICI, Serge. *A representação social da psicanálise*. Rio de Janeiro, Zahar, 1978.

NUN, J. La rebelión del coro: estudios sobre la racionalidad politica y el sentido común. Buenos Aires: Nueva Visión, 1989. Apud: BORON, Atilio A. *Estado, Capitalismo e Democracia na América Latina*. Rio de Janeiro, Paz e Terra, 1994.

OLIVEIRA, Francisco de. Apresentação. In: RIDENTI, M. *Classes Sociais e Representação*. São Paulo, Cortez, 1994.

SAVIANI, Dermeval A. *O novo Plano Nacional de Educação:* por outra política educacional. Campinas, Autores Associados, 1998.

SPINK, M. J. M. (org.). *O Conhecimento no Cotidiano*: as representações sociais na perspectiva da psicologia social. São Paulo, Brasiliense, 1995.

_____. (org.). *Práticas Discursivas e Produção de Sentidos no Cotidiano*: aproximações teóricas e metodológicas. São Paulo, Cortez, 1999.

VIGOTSKY, L. S. *A Formação Social da Mente*. São Paulo, Martins Fontes, 1991.

O papel da Orientação Educacional diante das perspectivas atuais da escola

Mírian Paura S. Zippin Grinspun

> *O tempo da escola se insere no tempo do tempo da vida. Não podemos separá-los, mas podemos perceber os seus significados de forma diferente. Mas o sujeito da história será sempre o mesmo. Ajudar a compreendê-lo é tarefa da escola.*

Introdução

Este estudo tem por objetivo refletir e analisar a Orientação Educacional diante das perspectivas atuais da Escola. Levaremos em consideração a trajetória histórica desta Orientação, no nosso país que teve início num enfoque mais psicológico, que ressaltava o ajustamento do aluno à escola, à família e à sociedade para se firmar, hoje, numa dimensão mais pedagógica com ênfase num conhecimento que promova/possibilite a transformação do sujeito, da escola, e da própria sociedade. É com *essa* Orientação que vamos trabalhar. Não pretendemos nem fazer um *balanço* da Orientação nem apontar, mais uma vez, para suas funções e atividades dentro da Escola como justificativa de seus propósitos e sua colaboração ao projeto a ser desenvolvido pela escola. Nosso objetivo é *mostrar* o sentido pedagógico. da Orientação, identificando seu papel na Instituição, sua colaboração para superar junto com/na Escola seus desafios no/do cotidiano, e as possibilidades que temos para um trabalho articulado integrado, no qual a *mediação* é o eixo da realização das nossas atividades na escola.

A Orientação Educacional é parte de um todo, faz parte da escola que com ela interage permanentemente, assim como com a própria sociedade.

O papel da Orientação Educacional diante das perspectivas atuais da escola

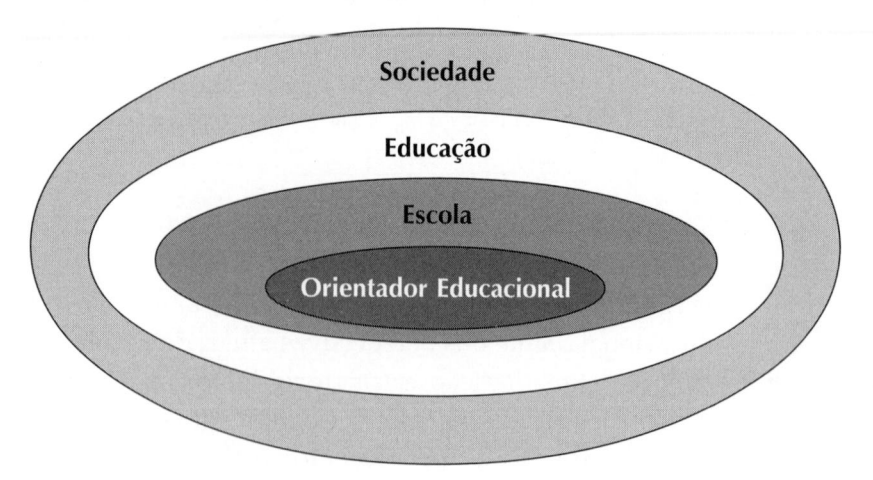

A Orientação Educacional desenvolvida na Escola interfere, então, no seu projeto, enquanto dele participa sendo seu principal papel o da mediação, que deve ser percebido como a articulação/explicitação o desvelamento necessário entre o real e desejado, entre o contexto e a cultura escolar, entre o concreto e o simbólico, entre a realidade e as representações sociais que fazem os protagonistas da prática escolar. Toda esta gama de aspectos que se entrecruzam no papel da orientação, na verdade são os dados, *as pistas* para que possamos auxiliar, promover os meios, disponibilizar as condições para uma qualificação na construção da subjetividade.

Os desafios da Escola

Inúmeros são os desafios que a escola hoje tem que enfrentar, pois, inúmeros são os desafios da própria sociedade, em ritmo crescente de mudança em todos os seus segmentos. Na sociedade contemporânea, as rápidas transformações devidas a uma série de fatores incidiram sobremaneira nas Instituições e, portanto, na escola, ampliaram ainda mais os seus desafios numa busca não só da democratização de seus meios para superar as questões da exclusão social, mas também, para efetivar a melhor qualidade do processo ensino aprendizagem no interior da mesma. À natureza filosófica da escola junta-se a natureza técnica administrativa que com toda sua dinâmica e relações produzem a sua cultura escolar, a sua história. O desafio maior é educar crianças, jovens num mundo em crise, com mudanças substanciais, hoje ampliada por um nova sociedade que é a virtual, onde entrecruzam como redes, teias, valores diferenciados, exigências múltiplas.. Precisamos priorizar o enfretamento desses desafios, mas precisamos procurar *entender* porque e como esses desafios se apresentam. Em face desse quadro é comum encontrarmos perguntas que se fazem na escola em relação à Orientação Educacional:

Grandes questões da Orientação Educacional

- Por que? Para que? A quem? Como e quando se orienta?

- A Orientação Educacional deve ser oferecida para todos os alunos ou apenas para aqueles que apresentam mais dificuldades/desajustes na Escola?

- Como romper barreiras (com o aluno, para o aluno) dentro e fora da escola?

- Quem deve fazer Orientação Educacional na escola?

- Como trabalhar os aspectos pedagógicos quando se apresentam muitos aspectos psicológicos que deveriam ser atendidos?

- Como fazer numa escola em que há poucos orientadores para o número de alunos?

- É possível uma Orientação Educacional com pouco contato com os alunos?

- O professor pode fazer Orientação Educacional — afinal ele também não se relaciona com o aluno?

- Qual a "fórmula" de sucesso para uma Orientação Educacional bem-sucedida na escola? Quais os "ingredientes" dessa fórmula?

- Afinal, por que *ainda* se fala em Orientação Educacional na Escola?

É evidente que as questões não se esgotam nas apresentadas; o que queremos analisar é qual o papel da Orientação Educacional, numa escola que é parte integrante de uma sociedade, que tem seu papel a desempenhar neste momento histórico. As respostas ao porque, para que e como ficam no caminho de uma justificativa da Orientação; ultrapasso esse caminho e vou em busca da identificação/análise do papel da Orientação numa escola comprometida com seu projeto político pedagógico onde além do processo ensino-aprendizagem ou, a partir do processo ensino-aprendizagem esteja comprometida com a formação do sujeito, com a formação da cidadania.

O campo da Orientação Educacional

O campo da Orientação se *re-dimensionou*, sendo que sua concepção engloba desde a questão epistemológica — seu objeto de conhecimento — à questão filosófica, antropológica e social. Nosso papel, no contexto atual, deslocou-se dos alunos-problemas para todos os problemas dos alunos/da escola e refletindo, analisando interferindo sobre esses *problemas* em tempos da globalização e da pós-modernidade. Devemos trabalhar, com o aluno, na possibilidade de sua totalidade, desenvolvendo o sentido da singularidade, da autonomia, da dimensão da solidariedade, no verdadeiro significado do *humano*.

Para compreender o aluno, a escola, a sociedade, teremos que refletir sobre vários temas que não se esgotam no interior de sua realidade física e pedagógica da escola, mas que assumem um dado significativo se considerarmos a teia de relações que esta Instituição estabelece com a própria sociedade: ela interage com diferentes atores sociais aos quais nem sempre existe o compromisso formal com a tarefa de uma educação sistemática. A Escola envolve, questões internas — pedagógicas/administrativas e questões externas — contexto social, político e econômico. Esta dimensão externa é que nos dá o *retrato* de toda a gama de Instituições da nossa sociedade que se organizam na contextualização dos fatos que a determinam. Nesta área podemos perceber três grandes campos (que evidentemente se cruzam e entrecruzam nos seus objetivos e interesses): o primeiro é a própria *sociedade* com seus tempos/espaços históricos, sociais, políticos, econômicos, com a história de vida de seu povo, com o ideal que ela persegue; com as questões culturais; com a linguagem de sua gente, com seus recursos econômicos, com seu envolvimento com o meio ambiente; com a produção/resultado das tecnologias; com o nível de desenvolvimento social e de escolaridade; e tudo mais que existe na e para sociedade funcionar e se desenvolver. O segundo diz respeito à *educação*, propriamente dita, enquanto Instituição dessa sociedade que dela recebe os fluxos de suas agilização, mas que por outro lado também nela interfere com seus objetivos e metas a serem atingidos. Este campo é responsável pela política educacional e as legislações específicas, pelos recursos da educação, pela filosofia de educação, pelos valores que são implantados, pela formação dos professores, pela relação ciência e conhecimento; pelas carências existentes, pela avaliação educacional e institucional, pelas diferentes modalidades de educação; pela relação da educação formal com a educação informal veiculada pelo rádio, pela TV, pelos jornais e revistas etc. O terceiro diz respeito à *escola* que enquanto uma organização social, tem uma estrutura própria, uma tessitura que é feita das normas exigidas e da própria cultura escolar que tece o seu dia-a-dia. Neste campo temos as relações de poder, as relações pedagógicas, a estrutura e funcionamento da escola, em si, desde a *enturmação* dos alunos, horário, matrícula etc. até a organização dos espaços físicos de sua realidade. Acresce a esta instituição um dado relevante que é a relação com a comunidade, a forma de gerir e gerar um ambiente bom/

saudável para se trabalhar em que se discuta e analise a violência, por exemplo, não para se achar culpados ou vencedores, mas para se saber como minimizar os índices altos e alarmantes de violência dentro e fora da escola. Cada escola tem dentro de si uma realidade própria e mesmo que tenhamos rótulos externos iguais (escola pública estadual, municipal, federal; escola particular) cada uma manterá sua diversidade na igualdade/identidade de suas características. O cotidiano escolar fala-nos da escola como se ela fosse única e onde fatos e atividades, mesmo que obedecendo a uma supervisão e coordenação, mantém-se sempre de forma singular na especificidade dos diferentes espaços da escola, em especial do *mundo mágico* e real (ao mesmo tempo) que se denomina *sala de aula*. Esta escola traz no seu contexto a história de vida de seu funcionamento; a filosofia que rege o seu regimento/estatuto e a que de fato existe na prática; os valores econômicos, religiosos, culturais, sociais que a determinam; a visão de homem que ela quer formar, a relação professor/aluno etc. Nesse contexto não temos apenas professores e alunos no exercício do ensinar/aprender quase que num ritual sagrado de alguém que sabe e de alguém que não sabe, portanto vai aprender etc. Toda esta gama de informações que nos levam a um determinado tipo de formação pontuam o que chamamos de cultura escolar. Acresce a esta análise a própria organização curricular da Escola, o seu projeto político-pedagógico, os quais por seus caminhos diferenciados, pelos seus protagonistas ajudam a educação nos seu sentido stricto sensu e contribui de forma significativa para a construção da subjetividade do indivíduo. O grande *pano de fundo* que está nesta grande análise é a noção da diversidade, da complexidade deste mundo contemporâneo cujas ações/reações incidem na escola de forma consciente e até inconsciente. Para se falar de Orientação Educacional, hoje, na Escola, não se pode falar do que ela faz, porque faz, a quem interessa e como se desenvolve, sem se entender/dar conta desse caleidoscópio que é a realidade conjuntural na qual se inserem aluno e professor que buscam/oferecem em especial a aprendizagem nesta escola. Ao acharmos, antes, que a escola oferecia o que ela tinha de melhor, que o professor dava tudo de si e *que o aluno é que não aprendia e era indisciplinado* tínhamos na orientação a presença de um profissional que solucionaria esse problema — quase sempre pela perspectiva do aluno tentando *ajudá-lo, orientá-lo* a encontrar o seu próprio caminho. Hoje a Orientação Educacional — como já nos referimos — tem o papel de *mediação na escola* isto é ela se reveste de mais um campo na escola para *analisar, discutir, refletir com e para todos que atuam na escola* — *em especial os alunos*, não com um tom preventivo, corretivo, mas com um olhar pedagógico. Mais importante do que resolver o problema do aluno *José*, por exemplo, que está suspenso, ou que está com notas abaixo da média em matemática, é discutir e analisar o que leva um aluno a ser suspenso, quais são as oportunidades que se oferecem de educar antes de punir/cobrar discutir as metodologias utilizadas, a avaliação oferecida, o ritmo de aprendizagem do aluno etc. A Orientação faz um trabalho de interdisciplinaridade entre fatos/situações, ações/razões e emoções que levem o indivíduo a agir de determinada maneira, ou mesmo a própria Instituição a agir de determinada forma. O estudo evidencia, então, que houve mudanças ocorridas no contexto atual e que certa forma incidem na educação e, na escola, onde formalmente a educação se desenvolve. Com objetivo de visualizar que este mosaico seja mais bem compreendido apresentamos a seguir *um desenho* dos espaços Sociedade, Educação Escola e Orientação cuja prática não é identificada como um modelo estático, linear, mas sim como um mosaico, realmente em que as partes interferem no todo e o todo se dilui nas partes.

SOCIEDADE	EDUCAÇÃO	ESCOLA	ORIENTAÇÃO EDUCACIONAL
• Social • Política • Cultural	• Política • Legislação • Valores	• Organização civil • Tipo de escola • Relações de poder	**Papéis:** • Mediação (escola/sociedade) • Articulação (professor/alunos/ direção)
• Econômica	• Teorias	• Gestão da escola	• Integração (particular/ geral/ particular)
• Histórica • Questões locais • Questões mundiais • Tecnologia	• Dados estatísticos • Planejamento • Educação formal • Educação informal • Educação profissional	• Relações pedagógicas • Dificuldades/conflitos • Aspectos técnicos administrativos • Currículo escola • Projeto político pedagógico	**Ações:** **Aluno** • Conhecimento de si e de sua realidade • Construção da subjetividade

ESCOLA

DIREÇÃO	PROFESSORES	ALUNOS	DEMAIS FUNCIONÁRIOS
• Discute a questão da Filosofia da escola • Apresenta dados sobre o contexto social • Busca parcerias/ aliados para o projeto político pedagógico	• Colabora e participa no projeto político pedagógico • Discute/analisa as questões do processo ensino-aprendizagem • Busca saídas/ soluções para as dificuldades existentes	• Identifica a realidade do aluno em termos biopsicossociais • Constrói estratégias para superar dificuldades • Possibilita os meios de busca da construção da subjetividade	• Procura obter/ fornecer dados que auxiliem o processo de desenvolvimento da escola

A Escola deve socializar o saber, a ciência, a técnica, a cultura; a escola deve estar envolvida na formação — tento quanto possível integral — do aluno; deve estar comprometida com a formação do trabalhador, em tempos de globalização, quando a *empregabilidade* assume um aspecto significativo e preocupante; a escola deve estar comprometida com a formação do aluno em termos de cidadania, portanto o aspecto político é indispensável nesta formação; a escola deve estar comprometida com os mecanismos que se impõem nas relações sociais, onde questões como liderança, poder, autoritarismo, assistencialismo etc. estão presentes; a escola deve estar comprometida, também — e por que não — com os sonhos, as utopias e — por que não — com a esperança que envolve a expectativa de um mundo melhor para si e para o outro. A Orientação Educacional vai em busca desse comprometimento, construindo coletivamente este projeto, nas múltiplas ações com as quais ela se defronta.

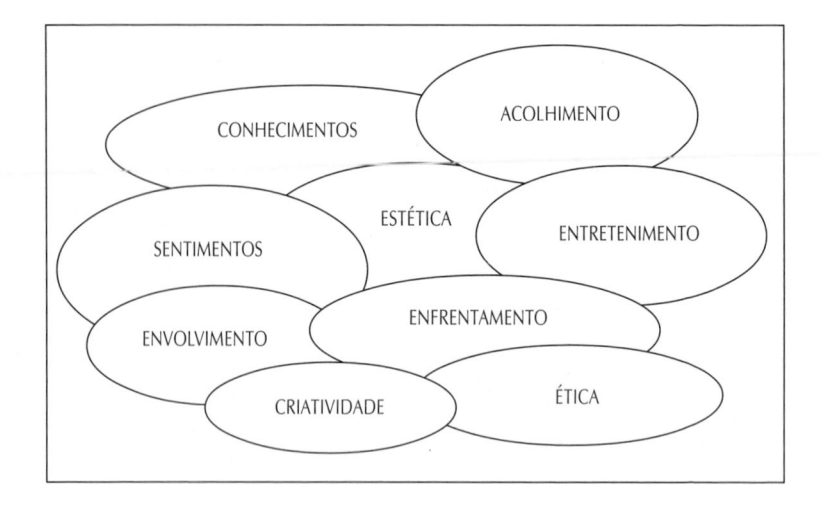

O papel da Orientação não é o de justaposição de campos/áreas/aspectos que estão presentes na escola. Este papel não se baseia num *ecletismo* de juntar partes fragmentadas — saber/conhecimento/razão; atitudes/valores/emoções; corpo/motricidade/ação em prol de um trabalho único. O papel da Orientação é de um *dinamizador* que procura trabalhar com esses campos de forma dialética e não aglomerando ou acumulando informações para depois *devolver* ou *reproduzir* fragmentariamente o que pesquisou. O Orientador valoriza a dinâmica das relações e nesse sentido estão presentes conflitos, tensões, divergências; estão presentes os saberes e as emoções; estão presentes as diferenças, as igualdades, os limites e as possibilidades. Podemos, então resumir este trabalho do orientador nesta perspectiva de mediador, dinamizador, com ações voltadas para a escola como Instituição, com ações voltadas para o projeto pedagógico desta Instituição, e com ações, e em especial para os alunos — principal protagonista do processo ensino-aprendizagem para quatro pontos:

1. incentivo/estímulo à aquisição de saberes/conhecimentos/emoções;

2. discussão e análise da realidade histórica que vivemos;

3. discussão e análise do imaginário/das representações da realidade percebida;

4. identificação e valorização de meios, propostas e estratégias para superar as dificuldades e *criar* novas perspectivas de ação.

A fundamentação teórica da Orientação Educacional

Além da especificidade da fundamentação da/na Orientação Educacional algumas áreas — entre tantas, como a questão do trabalho, da cidadania, da ética etc. são muito importantes ao desenvolvimento de nosso trabalho na Escola. Queremos entretanto ressaltar dois campos teóricos com os quais temos que estar mais envolvidos e portanto são campos em diálogos mais com seus teóricos: as Representações Sociais e a Pós-modernidade.

A Teoria das representações sociais, inaugurada por Serge Moscovici e expandida para várias áreas do conhecimento como a educação, tem permitido a sua divulgação e constatação de sua relevância para a investigação dos fenômenos sociais vigentes. Seu conteúdo conceitual e estrutural permitem a compreensão da formação de uma idéia, noções ou conceitos acerca de determinado objeto e o apontamento de possíveis caminhos para soluções práticas aos problemas.

Antes de tratar as teorias das representações, buscamos em Castoriadis o significado de "representação" para dar conta de seu sentido na grande teoria de Moscovici.

A representação deriva da imaginação radical; ela é a imaginação radical manifestando-se e se figurando. E o é, igualmente, quando é representação perceptiva e se apóia (...) sobre um ser-assim do sensível, coalescência evidente e inteligível "do que sente" e "do que é sentido" (Castoriadis, 1999: 171).

Com efeito, o perceber e compreender o "sentir" e o "que é sentido" passa a ser revelado pelas representações e estas sociais por serem estruturadas no coletivo. Na realidade as representações sociais trabalham não com o ser em si, mas com as configurações/atitudes/opiniões que dele emanam nas relações que ele estabelece.

As "Representações Sociais" advém das pesquisas de Serge Moscovici (1961), sobre aquilo que Émile Durkheim (1912) considerava como "Representações Coletivas". Este último se detinha em ver o indivíduo e a sociedade com representações distintas, coisa que Moscovici não acredita existir, e sim, que a partir do momento que há pensamento, este é sempre construído numa relação dialética entre o indivíduo e a sociedade.

a) conjunto de conceitos, proposições e explicações da vida no cotidiano;

b) transmitem-se por comunicações interpessoais;

c) equivalem aos mitos, estereótipos e crenças das sociedades;

d) são entendidas como senso comum.

Cabe aqui atentar para o cuidado de não se ater somente a uma destas noções para não incorrer no equívoco da fragmentação conceitual. Coisa que Moscovici e os adeptos de sua teoria sempre fazem ressalvas, em especial, quanto à falsa crença de que os fenômenos psíquicos podem expressar os fenômenos sociais de forma larga, e, não de interpretações coincidindo a objetividade da análise histórica ou comparativa com a subjetividade da experiência vivida.

Nóbrega (2001), por intermédio de obra de Moscovici (1989), explica que representação social pode ser entendida como:

a) noções e valores que corroboram para o indivíduo se orientar no meio ambiente;

b) práticas para dominá-lo;

c) assegurar a comunicação entre os indivíduos;

d) estabelecer um código para as trocas;

e) é uma forma de nomear e classificar as partes do seu mundo, de sua história individual ou coletiva.

Para Jodelet (1984), as representações sociais são configuradas de diferentes formas, sendo que as imagens, os sistemas, as categorias e as teorias nos permitem conhecer a representação em uma dada realidade social, resultando em um "conhecimento social", construído pelo pensamento dos indivíduos, a fim de marcar posição em eventos, objetos, situações, e nas comunicações de sua competência. Portan-

to, é na junção de elementos psicológicos com os sociais que
se emerge a representação social.

Jodelet (1984) afirma que as Representações Sociais são
"modalidades de pensamento prático orientadas para a comunicação, a compressão e o domínio do ambiente social,
material e ideal". Desta forma, seus conteúdos operam processos generativos e funcionais, formando o pensamento
socialmente elaborado e partilhado.

Diante desses elementos teóricos pode-se compreender que é na experiência concreta que o sujeito vai adquirindo informações para saber o que pode e o que não pode.

Em síntese, a teoria das representações sociais, pode
ser entendida como na definição de Jean-Claude Abric (1976)
apud Sá (1996), que abre a perspectiva de que o modo como
o sujeito se relaciona com a realidade é objeto que necessita
e merece mais atenção na análise das formas como se está
construindo a sociedade. A representação para este autor
trata do "produto e o processo de uma atividade mental
pela qual um indivíduo ou um grupo reconstitui o real com
que se confronta e lhe atribui uma significação específica"
(p. 54). E, justamente, esta noção abre campo para a percepção do social quando assinala o autor: "nesses processos de
percepção social aparecem portanto elementos centrais, aparentemente constitutivos do pensamento social, que lhe permitem colocar em ordem e compreender a realidade vivida
pelos indivíduos ou grupos" (p. 64). As representações sociais trabalham muito com a questão das imagens.

Em relação à imagem, hoje ela prepondera sobre qualquer outro tipo de leitura que se faça sobre os valores e atitudes dos jovens; há uma estreita relação desta análise da
cultura mediática com a realidade e os temas emergentes
da sociedade; toda problemática que envolve o contexto atual
como a questão da globalização das novas tecnologias da

pós-modernidade entre outros, vão exercer influências, diretas ou não, na concepção da representações sociais do professor em relação aos seus alunos; outro dado significativo percebido a cerca da matéria sobre juventude é a falta de ídolos no contexto atual fazendo com que os seus eleitos sejam aqueles que mais evidência/popularidade exercem no momento.

Estas características compõem o universo de formação do sujeito e apontam a necessidade de um novo sentido à escola de assumir a sua função educativa que lhe compete, de apresentar as características de seus alunos, a fim de propor um programa que permita ensinar além dos conteúdos, as ações/intervenções interna e externa no sujeito.

Este sentido foi percebido no modelo de ensino escolhido pelas escolas que está dividido entre o que professor imagina ser jovem e o que ele deseja como ser "bom" para o jovem, e onde a formação voltada para a autonomia está longe de acontecer.

Conceitualmente, autonomia pode ser entendida na lógica de Castoriadis, ou seja, como capacidade de deliberar sobre si mesmo criando suas próprias normas, em que a idéia de se fazer ser sem ser alienado ao mundo, ou seja, não criar normas que o isole como a um neuropatológico mas, ao contrário permita aproximações com a realidade de forma mais ativa e menos passiva.

Ficou evidenciado que o imaginário social dos professores formou/criou às representações que foram manifestadas no simbolismo dos sujeitos/alunos, mas não determinaram as suas ações que estão sendo modeladas/criadas pelas representações que estes alunos, também, elaboram a respeito de seus professores. E, é este processo de interação que será trabalhado no tempo/criação deles, na construção da identidade de ambos os grupos.

Considerando a época caracterizada pela crise de valores sociais e morais, pelo aumento da violência arriscando a própria espécie humana, observamos que o jovem não apresenta compromisso e lealdade que justifique uma relação maior entre ele e a sociedade. Dessa forma a vida se resume na busca de saúde e bem-estar — uma grande preocupação com as questões relacionadas com o corpo por meio de exercícios, dietas, drogas e auto-ajuda. Na vida cotidiana o importante é tudo aquilo que é ou pode se tornar presente e imediato. O passado é muito longínquo e o futuro é inesperado.

Tudo isso nos leva a repensar uma escala de valores abandonando a aceitação passiva de uma visão reducionista da relação professor/aluno.

O trabalho do Orientador, pelas representações sociais, vai possibilitar compreender o sentido que aluno, professor e pais conferem à realidade veiculada pela própria escola.

Outro dado significativo para o papel do Orientador Educacional é compreender onde os *problemas, conflitos, razões, emoções* surgem na escola. Por certo precisamos recorre aos estudos do que se convencionou chamar de pós-modernidade.

Lyotard, um dos grandes estudiosos do pensamento pós-moderno diz que o que caracteriza este pensamento é a *grande narrativa* que possuímos sendo que nós somos colocados na história como seres que temos um passado determinado e um futuro previsível. Cada sujeito tem a sua história que esbarra em outras histórias, mas que se constitui única na sua proposta e intensidade. A característica da época da sociedade moderna era a racionalidade, o espírito científico que hoje — pouco a pouco — na pós-modernidade vai sendo substituída pela incerteza e por inúmeras outras probabilidades de verdades existentes no nosso cotidiano. A fé cega na razão caminhou no sentido de um único modelo da verdade, do bem, da beleza, da justiça, assim como, caminhou na classificação de posições antagônicas de culturas, como, também, na escolha de um modelo ideal de organização política, da mesma forma que se inclinava para um modelo considerado ideal para o desenvolvimento e comportamento humano. A pós-modernidade se caracteriza por indeterminação, descontinuidade e pluralismos. Alguns autores fazem uma diferenciação entre pós-modernidade, pensamento pós-moderno e pós-modernismo. A primeira categoria diz respeito à condição social própria da vida contemporânea, com algumas características econômicas, sociais e políticas bem determinadas por fatores como a globalização, as novas tecnologias e o próprio avanço da comunicação; o pensamento pós-moderno ou filosofia pós-moderna se refere ao pensamento filosófico e científico que se desenvolve tanto pela crítica histórica ao que está sendo desenvolvido pela modernidade, como pelas novas formas de alternativas e estratégias que existem e se buscam na sociedade atual — pensamento hoje, enfatiza uma descontinuidade, pluralidade, diversidade e conforme já nos referimos a uma incerteza seja em que campo for da cultura social; o pós-modernismo, por outro lado se refere à cultura e à ideologia social contemporâneas que vai legitimar as condições individuais e coletivas derivadas da condição pós-moderna. Queremos, entretanto, assinalar a importância da aprendizagem social no contexto em que a educação se desenvolve. Tanto a construção do individual como do coletivo passam por essa aprendizagem. Temos que buscar concepções mais abrangentes da Psicologia da Educação não só para entender o *modelo* que a sociedade pós-moderna imprime aos indivíduos mas como esses indivíduos se comportam nesta sociedade, através de mecanismos e aprendizagens.. As reflexões trazidas para a nossa análise não são a de fragmentar os diferentes *tipos de aprendizagem*, mas entender a complexidade da aprendizagem social e juntar as *partes de um todo* e como num processo tentar vislumbrar os caminhos para a formação do sujeito.. Sem entrar no mérito da discussão trazida por Guatari da diferença entre subjetividade, singularidade e individualidade, há uma intenção em tratar essa subjetividade, como seria vista por Foucault, como uma cartografia de interesses e conhecimentos, formas de saber/relações de poder. A aprendizagem social precisa *beber nesta fonte*, portanto ela é imprescindível à construção da subjetividade.

A cultura escolar traz áreas distintas mas interligadas seja na questão do conhecimento, seja na dos valores, seja na rede de intercâmbios simbólicos existentes na sociedade, que hoje convive mais com incertezas do que com certezas e verdades. Além desses aspectos temos a cultura da *sala de aula* onde espaços-tempos convivem com os sujeitos e com um coletivos planejado, projetado pelo professor daquela sala de aula. o daquele sujeito.

A pós-modernidade ajuda-nos a *compreender* também o mosaico de fatores que interferem na sala de aula, nos recreios, nos corredores da escola, nos espaços onde ocorre (in)formalmente a educação.

Analisando o papel do Orientador Educacional

Neste tópico queremos analisar — um pouco — quem faz Orientação Educacional: o Orientador Educacional.

Nesta análise queremos evidenciar a importância do Orientador na Escola através de dois pontos principais: primeiro, que há necessidade, hoje, de se ter na escola um profissional que além de *ensinar ou ensinar a aprender a aprender* ajude o aluno a fazer as novas leituras que o mundo está a exigir de forma crítica, investigativa e reflexiva; um profissional, tanto quanto os outros que tratam das especificidades das áreas do conhecimento como Português, Matemática, Ciências, Geografia, História etc., que trate da especificidade do seu conhecimento nas questões relacionadas a uma formação mais crítica, do aluno enquanto cidadão; segundo os currículos na sua quase totalidade procuram *dar conta* dos conteúdos e conhecimentos, através das diferentes disciplinas que estão dispostas no currículo escolar. Há necessidade porém de se oferecer um *novo currículo* que abranja os textos e intertextos, as entrelinhas, os saberes dispostos em outros locais que não as escolas, valorizando as emoções, os valores, afetos e sentimentos. A Orientação pode ser chamada a cumprir um papel significativo nesta nova jornada, não mais apoiada em documentos legais que exigiam sua presença e obrigatoriedade nas escolas, mas sim fundamentada na necessidade de termos Orientadores, profissionais da educação, que realizando suas funções auxiliem o trabalho efetivo de uma educação de qualidade. O Orientador procura ajudar a escola a compreender e buscar sua verdadeira missão, mesmo num mundo repleto de contradições e desafios.

Afirma Gatti (1995):

> É nas contradições do mundo vivido, a partir de sua compreensão mais profunda, porém, concreta, e não com categorias assumidas a priori, que poderemos encontrar perspectivas para nossa ação, com alguma possibilidade de impacto e transformação (p. 18).

Muito já se falou dos *problemas da escola, das crises da educação* e da própria sociedade. Num determinado momento histórico os Orientadores eram um dos *responsáveis* pela divisão social do trabalho dentro da escola: separam-se alunos e professores e eles apenas cuidavam de parte desse processo. Não era assim... mas aceitemos que assim o fosse. O que se viu é que mesmo sem a Orientação — uma vez que em muitas escolas ela foi deixando de existir — os problemas continuaram ou aumentaram e as *crises,* da Escola e fora dela, também se ampliaram, trazendo uma nova dinamicidade ao processo pedagógico. A leitura, no meu entender de *achar o culpado, o responsável* não resolveu o problema da Escola, dos professores ou dos alunos. Qual deveria ser, nesse momento, o papel do professor, do Orientador, do Supervisor, do Diretor? No nosso entender seriam atribuições voltadas para o próprio sentido de *educador.* Placco (1994) enfatiza essa posição, quando diz que:

> ... O Orientador Educacional, um dos educadores da escola deverá participar de uma ação educacional coletiva, assessorando o corpo docente no desencadeamento de um processo em que a sincronicidade é desvelada, torna-se consciente, autônoma e direcionada para um compromisso com uma ação pedagógica competente e significativa para os objetivos propostos no projeto pedagógico da escola. (p. 30)

O Orientador atua junto com os demais professores da escola, participando de um projeto coletivo, de uma formação de um homem coletivo, procurando identificar as questões das relações de poder, das resistências dentro e fora da escola e do como e do porquê devemos agir juntos em prol de uma educação transformadora e, especialmente, junto aos alunos no desenvolvimento do que caracteriza sua subjetividade. Para Losicer (1996), a concepção da subjetividade não pode ser vista apenas como oposição a objetividade (em termos de mundo real, concreto e empírico), nem com aquela que identifica sujeito com indivíduo psíquico (mundo interno e privado). Para o autor:

... o conceito de sujeito com que trabalhamos se diferencia radicalmente dessas noções, uma vez que concebe que o sujeito se constitui por uma relação com o outro sujeito (relação intersubjetiva), ou seja: não há diferença entre sujeito psíquico (sujeito da história individual e do desejo consciente) e sujeito social (sujeito da história social e de suas transformações. (p. 69)

Para que esta noção de subjetividade seja alcançada temos que ir em busca de novos paradigmas, em educação que possibilitem entender a complexidade que vivemos nesse momento, do ato de educar (tanto no sentido de educare, como de educere).

Queremos mostrar não uma disputa entre cientificismo, objetividade, e conhecimento, e a questão da afetividade, emotividade e subjetividade, mas sim um trabalho que favoreça as partes de um todo, como uma orquestra, em que o Orientador pode ser chamado para ajudar os membros dessa mesma orquestra. A beleza do som, a sincronicidade do todo, depende de todas as partes.

Dilemas da Orientação Educacional

Já nos referimos em outros trechos ao papel de mediação, de articulação da Orientação Educacional. Na *leitura do mundo, na construção da subjetividade, na interferência para* o crescimento da Escola, a orientação se faz presente, mas nem sempre seu processo é compreendido. Identifico nesta análise alguns dilemas:

- A forte influência da Psicologia numa dimensão terapêutica; identificando o aluno como único responsável por seus atos, do seu sucesso ou fracasso, da sua decisão profissional como fruto de suas aptidões, ou suas possibilidades e potencialidades para o seu desenvolvimento, fez com que a orientação voltasse mais para o indivíduo do que para as questões coletivas que circunscreviam esse indivíduo.

• Estreita relação das normas e critérios pedagógico-políticos à decisões a serem tomadas, ou em outras palavras, as relações de poder faziam com que houvesse uma orientação *dentro de determinados padrões normativos.*

• As tentativas de se resolver problemas a curto prazo da educação, das crises — sejam pedagógicas ou sociais — ficavam mais fácil de serem resolvidas se encontrassem o responsável pela mesma e, nesse momento, a Orientação Educacional dispersa e com atribuições mal definidas caiu na própria *armadilha* de uma fragmentação do ensino e da própria educação.

• Dificuldade em conceber um profissional com atribuições, hoje, nitidamente pedagógicas e não mais *só* psicológicas.

• Falta de uma formação continuada para os Orientadores permitindo que acompanhassem as mudanças no contexto atual e no próprio espaço da orientação.

Em um mundo que se globaliza e planetariza, as especializações continuarão existindo cada vez mais sem perder de vista o contexto em que elas se realizam, com o todo, com a generalização, com o coletivo. O papel da Orientação na escola será de *argumentar, discutir* e *refletir* sobre as problemáticas existentes de forma a tornar o aluno, principalmente, mais crítico e consciente da sociedade evidenciando os conceitos de *parceria, coletividade, solidariedade, entre outros,* para um país que se quer mais justo, mais humano e mais solidário.

Para isto, a Orientação Educacional deve continuar existindo — com novas percepções e significados — ajudando a superar os desafios, mas trabalhando com novos eixos paradigmáticos da educação que envolve as questões do conhecimento, mas também dos valores e das atitudes e emoções. Temos que investir numa formação que apóie essas mudanças e ajudem a interferir nas mudanças que se deseja construir.

Dialogo com Nóvoa, tomando de empréstimo, para os orientadores, sua reflexão para os professores:

> Toda a formação encerra um projeto de ação. E de transformação. E não há projeto sem opções. As minhas passam pela valorização das pessoas e dos grupos que têm lutado pela inovação no interior das escolas e do sistema educativo. Outras passarão pela tentativa de impor novos dispositivos de controle e enquadramento. Os desafios da formação dos professores (e da profissão docente) jogam-se nesse confronto (Nóvoa, 1995, p. 31).

Buscando a conclusão

O tema amplo, complexo e inesgotável nos mobiliza a continuar estudando e acreditando, cada vez mais na Orientação Educacional, em nosso país, observando que:

1ª — As transformações da ordem macro e micro-social estão a exigir novos parceiros capazes de compartilhar o processo pedagógico; não estamos falando de responsabilidade única para esses especialistas — os orientadores — mas sim novos e mais bem formados profissionais em busca de interferir, participar e mudar a sua realidade. Seu trabalho, na escola, está voltado para a formação do cidadão. Como diz Sacristán (1997)

... a escola pode muito bem ensinar a decodificar as situações complexas, a produzir cidadãos mais responsáveis, capazes de reivindicar igualdade e solidariedade. A escola pode tornar-se um instrumento de conscientização cidadã. (p. 8)

2ª — A complexidade da vida contemporânea que acarreta grandes desafios ao homem na busca de sua identidade e dos valores necessários ao seu equilíbrio dentro da própria sociedade. Esta complexidade faz parte da vida de todos os protagonistas da escola. O desvelamento, a reflexão dessa complexidade ajuda a compreensão da realidade vivida.

Especialistas poderão contribuir para um novo momento da Escola, das Instituições agindo, coletivamente em prol de uma transformação desejada.

3ª — As Instituições, como a Escola, a Família, o Estado e a Igreja estão passando por uma grande modificação na sua concepção e desenvolvimento; se esperarmos que cada Instituição faça a sua parte para depois começar a agir estaremos perdendo, no mínimo a oportunidade de interferir como educadores nesse processo.

4ª — A Orientação deve buscar uma visão mais completa da realidade e do sujeito; as especificidades do campo de ação ajudam o entendimento da totalidade, sem perder de vista a singularidade. Nesta abordagem, novos "aliados" terão um trabalho próprio na escola, nos quais três indicativos se impõem: a comunicação, a argumentação e a reflexão. Eles são dados significativos à formação do sujeito. A multiplicidade dos enfoques e análises que caracteriza o fenômeno educativo não torna inócua a Orientação Educacional; ao contrário, precisamos dela como campo de ação e investigação para dinamizar o processo educativo e a formação do aluno/cidadão.

5ª — As questões do mundo contemporâneo — entre tantos temas e múltiplos desdobramentos como a violência, as drogas, a ética, a sexualidade e a AIDS, o mundo do trabalho, a comunicação, a linguagem, a tecnologia, o meio ambiente, os sentimentos, as políticas públicas, o conhecimento, a ciência, a economia, a arte, a cultura, as emoções, o esporte, a segurança... devem ser discutidas na Escola, sempre, com os alunos participando para que eles possam melhor compreender a sociedade em que vivemos e sua repercussão no cenário internacional e quais as possibilidades de nela interferir. A Orientação Educacional deve ser vista como a área que pode caminhar junto com todos que buscam uma educação de melhor qualidade e, se possível, numa dimensão mais ampla de um mundo melhor.

São muitos os papéis da Orientação Educacional diante das perspectivas dessa *nova escola: papel integrador, mediador e principalmente um papel de interdisciplinaridade* entre o saber e o fazer, entre o ter e o ser, entre o querer e o poder. De um papel meramente de *controlador* dos problemas dos alunos, com funcionamento num *gabinete* a Orientação Educacional — mais do que nunca se faz necessária na escola como uma aliada, uma parceira uma área que está pronta a colaborar a ajudar a escola — em especial os alunos — a construírem sua subjetividade e qualificar mais e melhor a construção de sua cidadania. A Orientação Educacional tem um compromisso com os alunos — em primeiro lugar, buscando que eles reflitam e compreendam o mundo de valores — em especial a ética — que circunda o nosso meio. Somos todos viajantes neste grande universo; a Orientação apenas ajuda que possamos ter melhores condições para escolher/decidir que caminho queremos seguir.

A trajetória histórica da pedagogia nos dá a seqüência de funções e atividades que se esperava do técnico de educação até o especialista dos dias atuais.

Dois pontos básicos do saber/fazer da Orientação Educacional

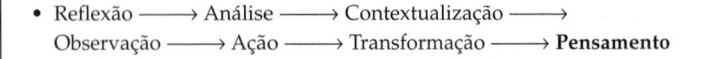

- Reflexão ⟶ Análise ⟶ Contextualização ⟶
  Observação ⟶ Ação ⟶ Transformação ⟶ **Pensamento**

- Comunicação ⟶ Linguagem ⟶ Expressões ⟶
  Sentidos ⟶ **Diálogos**

O orientador na escola:

1. dimensões política, técnica e humana;

2. articulador e mediador na prática educativa;

3. construtor de projetos inseridos no projeto político pedagógico da escola, na superação de dificuldades, na construção de espaços participativos;

4. o orientador é um pesquisador da realidade;

5. o orientador procura desenvolver trabalhos/atividades a partir da realidade encontrada, tentando transformá-la.

PARA REFLETIR

- *O mundo não é. O mundo está sendo...*

- *Cada ponto de chegada é sempre um ponto de partida para uma nova etapa.*

Contribuição da Orientação Educacional (OE)

• A OE ajuda mas não impõe, propõe, provoca, instiga;

• A OE apóia as iniciativas de mudança, confia no grupo, pesquisa a própria prática;

• A OE dá voz aos alunos através de sua linguagem e de suas expressões; cria espaços para que esta voz *seja ouvida e entendida;*

• A OE estabelece um bom relacionamento com os demais protagonistas da escola; discute a questão de vínculos; promove a reflexão com e dos alunos;

• A OE organiza reuniões que podem ser momentos de: partilha de dúvidas, angústias; troca de experiências; descobertas; sistematização da própria prática; estudos e pesquisa; discussão de temas da atualidade; revisão de normas/critérios; organização de eventos; participação em fóruns internos e externos; discussão de temáticas da escola; organização de atividades complementares ao projeto pedagógico; criação de alternativas para vencer obstáculos/dificuldades etc.

Bibliografia

CERTEAU, Michel de. *A invenção o cotidiano.* Petrópolis, Vozes, 1997.

CASTORIADIS, Cornélius. *As encruzilhadas do labirinto V:* feito e a ser feito. Rio de Janeiro, DP&A, 1999.

_____. *As encruzilhadas do labirinto II:* os domínios do homem. Rio de Janeiro, Paz e Terra, 1987.

FOUCAULT, M. *Vigiar e punir.* Petrópolis, Vozes, 1993.

GIDDENS, A. *As conseqüências da modernidade.* São Paulo, Ed. UNESP, 1991.

GÓMEZ, A. I. Pérez. *A cultura escolar na sociedade neoliberal*. Porto Alegre, Artes Médicas, 2001.

GRINSPUN, Mírian Paura Sabrosa Zippin. *A Orientação Educacional — conflito de paradigmas e alternativas para a escola*. São Paulo, Cortez, 2001.

_____. *Para que serve a Orientação Educacional*. Rio de Janeiro, UERJ, 1998. Texto de aula. Mimeo.

_____. *La Orientación educacional en el nuevo milenio*. Trabalho apresentado no Seminário Internacional de Orientação Educacional. Buenos Aires, dez. 2000.

_____. Paradigmas em educação: avaliação e perspectivas. *Ensaio:* Avaliação e políticas Públicas em Educação. Rio de Janeiro, Fundação Cesgranrio, v. 1, n. 2, p. 29-41, jan./mar. 1994.

GUARESCHI, Pedrinho A. e JOVCHELOVITCH, Sandra. *Textos em Representações Sociais*. Petrópolis, Vozes, 1999.

GUATTARI, F. *Caosmose — um novo paradigma estético*. São Paulo, Editora 34, 1992.

HOBSBAWM, Eric. *A era dos extremos — o breve século XX-1914-1991*. São Paulo, Companhia das Letras, 1995.

JODELET, Denise e MADEIRA, Margot (orgs.). *AIDS e Representações Sociais*: à busca de sentidos. Natal, EDUFRN, 1998.

JOVCHELOVITCH, Sandra. *Representações sociais e esfera pública*: a construção simbólica dos espaços públicos no Brasil. Petrópolis, Vozes, 2000.

LYOTARD, Jean-François. *A condição pós-moderna*. Rio de Janeiro, José Olympio, 2000.

MACLAREN, Peter. *Multiculturalismo revolucionário: pedagogia do dissenso para o novo milênio*. Porto Alegre, Artes Médicas Sul, 2000.

MANDEL, Sylvia. Cotidiano — um (pré) texto para pensar o mundo. *Pátio*. Porto Alegre, Artes Médicas, ano IV, n° 16, fev./abr., 2001, p. 40-43.

MEIRA, Marisa Eugênia Melillo. Psicologia Escolar: Pensamento Crítico e Práticas Profissionais. In TANNACHI, Elenita de Rício, PROENÇA, Marilene, ROCHA, Marisa Lopes (orgs.).

Psicologia e Educação: desafios teórico-práticos. São Paulo, Casa do Psicólogo, 2000.

MELO, Sonia Maria Martins. Orientação Educacional. Profissional do trabalho coletivo na escola. In: *Prospectiva.* Porto Alegre, AOERGS, vol. 3, n° 6, out./2001, p. 47-50.

MELO, Maria Teresa Leitão de. O papel dos especialistas em educação na escola. In: *Prospectiva.* Porto Alegre, AOERGS, vol. 3, n° 6, out./2001, p. 47-50.

MIRANDA, Marília GOUVEA. O processo de socialização da escola: a evolução da condição social da criança. LANE, Silvia T. M. e CODO, Wanderley (orgs.). *Psicologia Social — um homem em movimento.* São Paulo, Brasiliense, 1984.

MORIN, E. *O paradigma perdido — a natureza humana.* Lisboa, Publicações Europa-América, 1991.

MORIN, E. *O problema epistemológico da complexidade.* Lisboa, Europa-América, 1995.

MOSCOVICI, Serge. *Penser la vie, le social, la nature.* Paris, MSH, 2001.

NÓVOA, António. Formação de professores e profissão docente. In NÓVOA, A. (coord.). *Os professores e a sua formação.* Lisboa, Publicações Dom Quixote, Instituto de Inovação Educacional, 1995, p. 15-35.

ORTH, Maria Ruubia Bispo e BAGGIO, André. Crise paradigmática na orientação educacional. In: *Prospectiva.* Porto Alegre, AOERGS, vol. 3, n° 6, out./2001, p. 25-31.

PAIVA, A. C. S. *Sujeito e laço social — a produção de subjetividade na arqueologia de Michel Foucault* \Rio de Janeiro, Relume Dumará, 2000.

PATRÍCIO Manuel Ferreira (org.). *A escola cultural e os valores.* Porto, Porto Editora, 1997.

PLACCO, Vera Maria N. de Souza. *Formação e prática do educador e do orientador.* Campinas, Papirus, 1994.

RANGEL, Mary; SILVA JR. Celestino Alves da. *Nove olhares sobre a supervisão.* Campinas, Papirus, 1997.

SÁ, Celso Pereira de. *A construção do objeto de pesquisa em Representações Sociais*. Rio de Janeiro, ed. UERJ, 1998.

SACRISTÁN, J. Gimeno e GOMES, A. I. Perez. *Compreender y transformar la enseñanza*. Madrid, Morata, 1996.

_____. *Educar e conviver na cultura global: as exigências da cidadania*. Porto Alegre, Artmed, 2002.

SANTOS, Boaventura de Sousa. *Pela mão de Alice: o social e o político na pós-modernidade*. São Paulo, Cortez, 2001.

SILVA, Rosangela Maria Cardoso. O Orientador Educacional e a pesquisa: entrelaçando vidas. In: *Prospectiva*. Porto Alegre, AOERGS, vol. 3, nº 6, out./2001, p. 47-50.

SILVA, Sandra Angela C.. Paim da. Orientador Educacional. Considerações e reflexões. In: *Prospectiva*. Porto Alegre, AOERGS, vol. 3, nº 6, out./2001, p. 50-52.

VASCONCELLOS, Celso dos. Orientação Educacional como meio das relações e da mudança na escola. In: *Prospectiva*. Porto Alegre, AOERGS, vol. 3, nº 6, out./2001, p. 913-18.

VEGA, Lidia E. Santana. *Los dilemas en la orientación educativa*. Madri, Cincel, 1993.

Refletindo políticas públicas e educação

Elma Correa de Lima

Vivemos um momento de significativas transformações políticas e sociais, que têm entre outras causas a globalização da economia. Essa globalização supõe interação funcional de atividades econômicas e culturais dispersas, bens e serviços gerados por um sistema com muitos centros, no qual é mais importante a velocidade com que se percorre o mundo do que as posições geográficas a partir das quais está agindo. (Cancline, 1999).

Nessa perspectiva a educação torna-se uma necessidade para a existência efetiva do cidadão, para enfrentar as transformações que o mundo atravessa. A globalização, assim, nos leva a refletir as relações interpessoais, onde a necessidade de viver e negociar com pessoas de diversas culturas requer *tolerância, ética, cooperação, solidariedade* e, sobretudo *respeito às diferenças.*

É interessante, lembrar que na atualidade o homem vive num tempo que também tem que saber lidar com as contradições, em que suas idéias são condicionadas por necessidades de variações e avanços, porém a rapidez dessas mudanças não representa qualitativamente uma evolução social.

O homem dessa terceira modernidade como é sugerido pelo escritor Marshall Berman[1] é um ser que não se aventura mais, a não ser quando pode "conhecer o futuro". Isto é, conhecer o futuro[2] significa não mudar, o que temos não é mais uma revolução, e sim uma pequena e passiva reforma.

Pode acontecer então que voltar atrás seja uma maneira de seguir adiante: lembrar os modernistas do século XIX talvez nos dê a visão e a coragem para criar os modernistas do século XXI. Este ato de lembrar pode ajudar-nos a levar o modernismo de volta às suas raízes, para que ele possa nutrir-se e renovar-se, tornando-se apto a enfrentar as aventuras e perigos que estão por vir.

Apropriar-se das modernidades de ontem pode ser, ao mesmo tempo, uma crítica às modernidades de hoje e um ato de fé nas modernidades — e nos homens e mulheres modernos — de amanhã e do dia depois de amanhã... (Berman, 1986, p. 35).

É nesse contexto que se pode refletir políticas públicas e educação em que o currículo e a avaliação são partes integrantes.

---

1. BERMAN realizou um estudo sobre modernidade nomeado: *Tudo que é sólido desmancha no ar. A aventura da modernidade*. O autor estabelece uma divisão temporal para essa modernidade, que é caracterizada por três momentos. O primeiro começa no século XVI e termina no século XVIII, é passagem de uma sociedade holística medieval para uma sociedade renascentista humanista. A segunda fase corresponde à grande onda revolucionária de 1790, a Revolução Francesa como um marco dessa nova sociedade iluminada. O terceiro momento da modernidade inicia-se no século XX, quando experiências ideológicas e científicas do século XIX foram colocadas em prática, o século da Tecnologia.

2. A discussão em torno da previsibilidade do futuro é complexa. Porém, concordo com Berman, quando faz uma comparação entre os três momentos da modernidade e coloca esse último como o mais passivo e conservador.

1. Refletindo a influência neoliberal na Educação

Na perspectiva do fortalecimento do capitalismo, a proposta neoliberal busca uma abertura política que possa assegurar a liberdade de ação do capital. Assim, esta liberdade rege todas as relações mercadológicas e transforma necessidades sociais em produtos que podem ser comercializados e consumidos.

Observa-se, no entanto, que a proposta neoliberal não procura agir somente regendo as leis políticas e econômicas do mercado. E ainda mais, percebe-se, que há toda uma tendência de convencimento da população sobre a autenticidade de seu ideário. Tendo como conseqüência a apologia do setor privado em detrimento do setor público.

Para Gentili e Silva (1995),

O projeto neoconservador e neoliberal envolve, certamente, a criação de um espaço em que se torne impossível pensar o econômico, o político e o social fora das categorias que justifiquem o arranjo social capitalista. (p. 13).

Nessa perspectiva, "a nova ordem" requer que sejam extintas do pensamento coletivo temáticas como: noções de *cidadania, bem comum, solidariedade, igualdade*, que fazem parte ao longo da história de lutas por uma sociedade mais justa.

Assim, a redefinição ideológica passa a ter grande importância enquanto meio de coesão social.

Para Gentili,

É necessário enfocar o programa educacional neoliberal como uma série mais ou menos orgânica de estratégias culturais, orientadas a reverter certa base de consenso e de legitimidade a cerca da consolidação do espaço público como um cenário aberto à negociação — luta por direitos individuais, coletivos e sociais (1995, p. 255).

Para aquisição da tão desejada hegemonia ideológica parece ser o uso de dispositivos culturais capazes de redefinirem o ideário cultural, tendo como um dos exemplos, os meios de comunicação de massa. E por que os meios de comunicação de massa? Porque nos parece que *nestes* existem uma gama de possibilidades favoráveis ao estabelecimento de idéias neoliberais no imaginário coletivo, que parecem não permitir discussões imediatas de oposição e possuem o poder de produzir significados e incuti-los no pensamento de milhões de indivíduos manipulando aspirações, afetos e até mesmo a própria cognição.

Diante desse quadro é importante enfatizar que a educação também faz parte das armas ideológicas neoliberais e talvez seja uma das mais poderosas e eficazes. O objetivo da proposta neoliberal é o investimento no campo educacional para melhor qualificação de recursos humanos; porque sabe-se que os modos de produção atuais requerem indivíduos *racionais, flexíveis, habilidosos,* e fundamentalmente, pretende-se disseminar dados para a consolidação de uma identidade nacional que reconheça o neoliberalismo como *autêntico, válido e indispensável* a vida ideal.

É como afirma Candeias (1995):

> Trata-se de ideologias explícitas que através do conceito de crise agem como legitimadoras da destruição de consensos anteriores, procurando rearrumar através da educação não só a economia, mas também a maneira de encararmos e praticarmos a democracia (p. 13).

É bom lembrar que o discurso neoliberal esconde os verdadeiros problemas educacionais, que tem um cunho político, econômico e social, podendo haver a transformação de questões políticas e sociais em problemas de origem técnico pedagógica.

Passeando pelos setores da gestão e supervisão educacional é preciso deixar claro que também estes não estão isentos do discurso neoliberal.

Neste setor, a busca pela qualidade total contagia os administradores e supervisores educacionais, coordenadorias e em especial as instituições de ensino. Nessa perspectiva, o discurso da qualidade no ensino, na escola etc... tem como objetivo privilegiar e introduzir uma prática pedagógica articulada aos interesses do capital.

Nesse sentido, percebe-se que a qualidade que se tem como meta não é aquela que se privilegia na escola objetivando democratizar os conhecimentos acumulados e formar sujeitos críticos. Pelo contrário, na perspectiva neoliberal, a qualidade da educação volta-se para a formação de mentalidades e comportamentos ajustáveis às demandas mercadológicas.

Por outro lado, o governo, também, investe em propostas curriculares e programas de avaliação objetivando a garantia e manutenção do sistema.

É interessante lembrar que, por trás de um discurso que tem como objetivo a qualidade do ensino, os neoliberais puderam formular propostas curriculares que vêm sendo utilizadas para associar a educação aos interesses do capital, onde a melhor propaganda é a consolidação de um currículo comum para ser divulgado em âmbito nacional. Nesse sentido, esse currículo determina as diretrizes da educação nacional.

A LDB 9394/96 explicita, em alguns de seus artigos, padrões curriculares que devem ser seguidos em todo o território nacional. Estes padrões estão sinalizados nos artigos 9º, 26º e 27º.

No art. 9, a União terá a incumbência de:

IV — estabelecer, em colaboração com os Estados, o Distrito Federal e os Municípios, competências e diretrizes para a
educação infantil, o ensino fundamental e o ensino médio,
que nortearão os currículos e seus conteúdos mínimos, de
modo a assegurar formação básica comum.

Já no art. 26,

Os currículos do ensino fundamental e médio devem ter
uma base nacional comum, a ser complementada em cada
sistema de ensino e estabelecimento escolar, por uma parte
diversificada, exigida pelas características regionais e locais
da sociedade, da cultura, da economia e da clientela.

Analisando o contido no art. 27, percebe-se que

Os conteúdos curriculares da educação básica observarão,
ainda, as seguintes diretrizes:
I. A difusão de valores fundamentais ao interesse social, aos
direitos e deveres dos cidadãos, de respeito ao bem comum
e à ordem democrática;
II. Consideração das condições de escolaridade dos alunos
em cada estabelecimento;
III. Orientação para o trabalho;
IV. Promoção do desporto educacional e apoio às práticas
desportivas não-formais.

Vale ressaltar, ainda, que, no que se refere às diretrizes
curriculares nacionais, o Conselho Nacional de educação
tem, segundo a lei do Conselho, caráter deliberativo para
tal questão.

2. Banco Mundial e políticas educativas

É importante registrar a forte intervenção do Banco
Mundial na definição das nossas políticas educativas a partir dos anos oitenta.

Nesse sentido, a importância do Banco Mundial hoje, segundo Soares (2000, p. 15) deve-se não apenas ao volume de seus empréstimos e à abrangência de suas áreas de atuação, mas também, ao caráter estratégico que vem desempenhando no processo de reestruturação neoliberal dos países em desenvolvimento, por meio de políticas de ajuste estrutural.

No Brasil, segundo Warde e Haddad (2000, p. 9) a "cooperação técnica e financeira" do Banco Mundial ao setor educacional não é nova: data dos anos 70. A novidade, porém, diz respeito a natureza e a dimensão de sua influência, tanto pelo volume de recursos aplicados, quanto, e especialmente, pelo impacto das suas orientações nas reformas educacionais.

Nessa perspectiva, seguindo as diretrizes do Banco Mundial, os princípios da ideologia neoliberal têm sido utilizados, no campo educacional, para sinalizar medidas com o objetivo de fazer com que a educação (segundo, Moreira e Macedo, 2000, p. 107) seja mais competitiva, mais produtiva e mais sintonizada com as demandas das empresas e das indústrias.

3. Visualizando currículo e avaliação como estratégia nas mudanças do cenário educacional

Atualmente, na maioria dos países ocidentais, as políticas educativas têm tomado como objeto eixos diferenciados como parte de uma estratégia comum nas tentativas de mudanças radicais na educação (Contreras, 1999, p. 74).

Essas mudanças se referem, por exemplo, à política sobre currículo, a política sobre escolas, à política sobre avaliação e a política sobre o magistério, políticas consideradas significativas no cenário educacional.

A reforma de ensino 9394/96 se refere à questão curricular através de estabelecimento de Parâmetros Curriculares Nacionais (PCN), adotados, inicialmente, para as quatro primeiras séries do ensino fundamental.

Segundo Moreira e Macedo (2000, p. 107), ainda que a política curricular adotada no Brasil apresente características próprias que as distingam das que se realizam em outros países, não se pode deixar de inscrevê-la num marco global de reformas que atribuem ao currículo um papel de relevo na transformação dos sistemas educacionais.

Conforme percebem Moreira e Macedo (2000), a comparação de recentes reformas realizadas nos Estados Unidos, na Grã-Bretanha, no Brasil e na Argentina, evidencia aspectos comuns, que podem ser vistos, portanto, como tendências internacionais em cujo âmbito elas se situam. São elas:

a) Adoção de um modelo centralizado de currículo coexistente com processos de desregulação de outros aspectos da educação;

b) Recurso a equipes de notáveis para a definição do conhecimento oficial;

c) Elaboração de propostas detalhadas, extensas e complexas; e

d) Associação do currículo com um sistema nacional de avaliação.

(Terigi, 1997a, pp. 12-13 apud Moreira e Macedo).

Diante de tal quadro pode-se perceber que o currículo tem como principal parceiro um sistema de avaliação que objetiva a eficiência na busca da hegemonia ideológica.

4. Refletindo o modelo curricular de Tyler

No final da década de 40, o Brasil implementou um projeto curricular educacional com projeção nacional baseado nas idéias do educador Ralph Tyler, explicitadas no texto "Princípios básicos de currículo e ensino". Nesse texto, Tyler propõe quatro grandes questionamentos que, segundo ele, permitem elaborar qualquer currículo ou plano de ensino se forem respondidos adequadamente. Os questionamentos são:

a) Que objetivos educacionais deve a escola procurar atingir?

b) Que experiências educacionais podem ser oferecidas que tenham probabilidade de alcançar esses propósitos?

c) Como organizar eficientemente essas experiências educacionais?

d) Como podemos ter certeza de que esses objetivos estão sendo alcançados?

Diante desses questionamentos percebe-se que a estrutura básica de Tyler está centrada em: objetivo, conteúdo, orientações básicas e critério de avaliação, passos considerados por ele muito importantes na elaboração de projetos curriculares.

Refletindo um pouco mais é interessante notar que, ainda hoje, os questionamentos propostos por Ralph Tyler vêm servindo a administradores e supervisores na elaboração de projetos curriculares em seus respectivos sistemas educacionais. Nesse sentido, ainda que estejamos em um novo milênio e, conseqüentemente, sob um novo paradigma, pode-se observar a atualidade desse grande educador.

Falando de Parâmetros Curriculares Nacionais (PCN) — a contribuição de César Coll

A estrutura curricular dos PCN está baseada nas propostas do psicólogo espanhol César Coll. É preciso deixar claro que Coll, mesmo sendo defensor do construtivismo, fundamentou sua proposta em bases muito semelhantes às idéias de Ralph Tyler.

No modelo de Coll, pode-se observar uma estrutura com componentes curriculares do ensino obrigatório, que apresentamos a seguir:

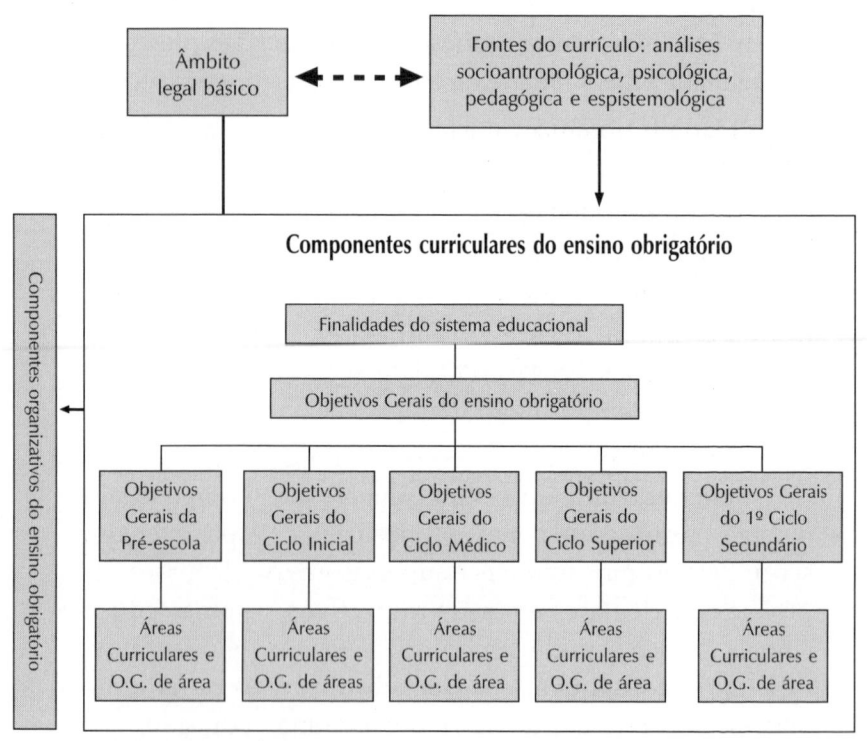

Fonte: COLL, César. *Psicologia e Curriculo*. São Paulo, Ática, 1996, p. 158.

É preciso lembrar que a visão de conjunto dos componentes curriculares do ensino obrigatório parte do âmbito legal, englobando também, as finalidades do sistema educacional, definidas na LDB — 9394/96, objetivando definir as unidades de tempo do currículo — ciclos — e as áreas em que esse currículo está organizado.

Um segundo aspecto que sobressai, no modelo apresentado anteriormente diz respeito às fontes do currículo. Para Coll, a elaboração curricular deve ter em conta a análise da realidade operada com referenciais específicos:

- **Sócio-antropológico**, que considera os diferentes aspectos da realidade social em que o currículo será aplicado;

- **Psicológica**, que se volta para o desenvolvimento cognitivo do aluno;

- **Epistemológica**, que se fixa nas características próprias das diversas áreas do saber tratadas pelo currículo;

- **Pedagógica**, que se apropria do conhecimento gerado na sala de aula em experiências prévias. (Capacitação em Projeto Pedagógico Módulo — 2 CEAE/ UFRJ — 1999).

Dentro do modelo concebido por Coll, percebemos três níveis de concretização ou níveis decisórios sobre questões curriculares.

O **primeiro nível** compete à autoridade central onde são definidas as finalidades da educação; os objetivos gerais do ensino obrigatório, do ciclo e da área; os conteúdos e as orientações didáticas para as atividades de ensino e avaliação.

O **segundo nível** de concretização é referente a temporalização e seqüenciação dos aprendizados também a cargo de grupos responsáveis pela administração da educação.

No **terceiro nível** referente aos "diferentes programas de ação didática em função das características concretas das diversas situações educativas" (p. 177), para Coll, esse nível de concretização é de responsabilidade dos Centros escolares (que para nós se refere a escolas ou grupos de escolas). Assim, esse terceiro nível, apesar de não estar inserido concretamente no Projeto Curricular Básico, funciona como uma ilustração da maneira de utilização do projeto dentro da realidade de cada escola.

A despeito de Coll caracterizar seu modelo curricular como aberto, o que se pode perceber na realidade é a presença bastante forte de centralização em sua proposta. Dentro dessa concepção o que caberia às escolas? Penso que competiria, apenas, a adaptação de um conjunto de objetivos, conteúdos e procedimentos didáticos seguindo a realidade de cada escola.

Nessa perspectiva, diria que na proposta de Coll pode-se observar: a) o procedimento do aspecto psicológico em comparação aos aspectos sociais e culturais, b) o caráter técnico da elaboração curricular, c) a reduzida participação dos professores durante o processo de planejamento curricular.

Baseado nesse modelo (*de Coll*), os PCN são norteados pelos objetivos gerais do ensino fundamental, em consonância com as diretrizes gerais estabelecidas pela LDB:

• Compreender a cidadania como participação social e política, assim como exercício de direitos e deveres políticos, civis e sociais, adotando, no dia-a-dia, atitudes de solidariedade, cooperação e repúdio às injustiças, respeitando o outro e exigindo para si o mesmo respeito;

• Posicionar-se de maneira crítica, responsável e construtiva nas diferentes situações sociais, utilizando o diálogo como forma de mediar conflitos e de tornar decisões coletivas;

• Conhecer características fundamentais do Brasil nas dimensões sociais, materiais e culturais como meio para construir progressivamente a noção de identidade nacional e pessoal e o sentimento de pertinência ao país;

- Conhecer a valorizar a pluralidade do patrimônio sóciocultural brasileiro, bem como os aspectos socioculturais de outros povos e nações, posicionando-se contra qualquer discriminação baseada em diferenças culturais, de classe social, de crenças, de sexo, de etnia ou outras características individuais e sociais;

- Perceber-se integrante, dependente e agente transformador do ambiente, identificando seus elementos e as interações entre eles, contribuindo ativamente para a melhoria do meio ambiente;

- Desenvolver o conhecimento ajustado de si mesmo e o sentimento de confiança em suas capacidades afetiva, física, cognitiva, ética, estética, de inter-relação pessoal e de inserção social, para agir com perseverança na busca de conhecimento e no exercício da cidadania;

(...)

- Utilizar as diferentes linguagens — verbal, matemática, gráfica, plástica e corporal — como meio para produzir, expressar e comunicar suas idéias, interpretar e usufruir das produções culturais, em contextos públicos e privados, atendendo a diferentes intenções e situações de comunicação;

- Saber utilizar diferentes fontes de informação e recursos tecnológicos para adquirir e construir conhecimentos. (Macedo e Lima, 2001, p. 106).

5. Os anos 90 e a política de avaliação

A função avaliativa é indispensável em todas as atividades humanas. Percebe-se que na caminhada dos anos 90, diferentes momentos de avaliação da educação foram criados envolvendo diferentes níveis de ensino.

Alguns educadores vêm tentando traduzir essas inovações no âmbito da avaliação através das políticas educativas. Sem dúvida, no mundo globalizado em que vivemos, mais do que nunca se necessita de uma educação melhor, mais afinada com as urgências dos nossos tempos e, portanto, necessitam de mecanismos de avaliação.

É por isso que não se pode deixar de discutir as condições e os condicionamentos sociais, culturais e políticos que também são constitutivos da avaliação. (Sobrinho, 1999, p. 47).

Por outro lado, penso que avaliação deveria constituir-se num espaço teórico e crítico envolvendo não só os determinantes da ação (governo), mas também a todos os agentes da educação, e, especialmente, segundo Soares (1999, p. 47) os alunos e professores, num empreendimento de reflexão e diálogo acerca da realidade sócio-educativa. Enfatiza Felix Angulo:

> La evaluación debería reflejar la complejidad del sistema en lugar de ofrecer una imagen simplificada del mismo. Lo que se necesita es información relevante y significativa (...) y procedimientos de evaluación creativas que estén más orientados a servir de fuente de conocimiento y aprendizaje de alumnos, profesores y centros, que al cumplimiento de requisitos técnicos (Angulo, 1992, p. 38).

Nessa perspectiva a avaliação deveria ser um espaço coletivo de aprendizagem e de construção.

A LDBEN e as Inovações Avaliativas

A Lei de Diretrizes e Bases (Lei 9394/96 ou Darcy Ribeiro) delegou à União a responsabilidade de "assegurar o processo nacional de avaliação do rendimento escolar no ensino fundamental, médio e superior, em colaboração com os sistemas de ensino, objetivando a definição de prioridades e a melhoria da qualidade do 'ensino'".

No ensino fundamental a avaliação vem sendo feita pelo Sistema de Avaliação da Educação Básica — SAEB — que teve sua origem na segunda metade dos anos 80.

O SAEB possui características singulares. Vale dizer com Creso e Bonamino que:

- O SAEB é gerido pelo INEP e seu objetivo declarado é gerar e organizar informações sobre a qualidade, a eqüidade e a eficiência da educação nacional, de forma a permitir o monitoramento das políticas brasileiras, fornecendo subsídios para a melhoria da qualidade, eqüidade e eficiência da educação no Brasil. (MEC/INEP, 1995; Pestana, 1998).

- O SAEB é um sistema de avaliação de base amostral que testa amostras probabilísticas complexas das diversas unidades da federação (estados e o Distrito Federal).

- O SAEB aplica quatro questionários contextuais. São eles: o questionário sobre a escola, o questionário do diretor, do professor e do aluno. Esses instrumentos objetivam levantar informações sobre a origem familiar dos alunos, seus hábitos e condições de estudo, bem como os estilos pedagógicos de seus professores e a forma de gestão das escolas. (Franco e Bonamino, 2001, p. 16).

No que diz respeito ao ENEM — Exame Nacional de Ensino Médio, ele é considerado um exame anual. Teve sua aplicação pela primeira vez em 1998 e é destinado aos alunos em vias de concluir ou que já tenham concluído o ensino médio.

Na perspectiva de avaliação, no que se refere ao ensino superior o mesmo tem como base o art. 9° da LDBEN que estabelece que "compete à União autorizar, reconhecer, credenciar, supervisionar e avaliar os cursos das instituições superiores". Vale dizer que o Exame Nacional de Cursos — Provão é considerado um dos componentes da avaliação dos cursos superiores na modalidade de graduação, sendo um exame obrigatório para os estudantes do ensino superior que estejam cursando o último ano letivo.

O ENC é um dos elementos da prática avaliativa criado pela Lei n° 9.131/95, de 24 de novembro de 1995. Tem por objetivo alimentar os processos de decisão e de formulação de ações (voltadas para a melhoria dos cursos de graduação). Visa, também, complementar as avaliações mais abrangentes das instituições e cursos de nível superior que analisam os fatores determinantes da qualidade e a eficiência das atividades de ensino, pesquisa e extensão, obtendo dados informativos que reflitam, da melhor maneira possível, a realidade do ensino.

Assim, os objetivos, os conteúdos e todas as demais especificações necessárias à elaboração das provas que compõem o Exame têm por base as atuais diretrizes e conteúdos curriculares, bem como as exigências decorrentes dos novos cenários políticos, culturais e econômicos que se esboçam.

Para Dias Sobrinho (1999), o Exame Nacional de Cursos — ENC passa por ser a única avaliação do ensino superior, base para decisões políticas e econômicas a respeito da educação superior. E, em sua perspectiva:

Nenhuma avaliação isoladamente pode dar conta de uma realidade tão complexa como é a educação superior. Assim, as avaliações devem constituir um conjunto articulado, um programa integrado por idéias e ações coerentes, organizadas e com intencionalidade educativa.

A respeito dos princípios avaliativos que envolvem o SAEB, ENEM e ENC, enfatiza Sobrinho:

> Cada uma dessas avaliações remete a princípios, valores e teorias que lhes dão consistência e configuração próprias (Sobrinho, 1999, p. 38).

Nessa perspectiva, como entender esses princípios, valores e teorias que podem dar consistência a essa política de avaliação que envolve a Educação Fundamental (SAEB), o Ensino Médio (ENEM) e o Ensino Superior — Exame Nacional de Cursos — Provão.

Na verdade, o *Estado Avaliador* representa uma nova forma de coordenar e regular os sistemas de educação superior e a relação entre o Estado e a Universidade.

6. Uma breve conclusão

Nos anos 90, na América Latina contou efetivamente, e em especial no Brasil, com a participação do Banco Mundial, buscando orientar globalmente as políticas educativas mediante a assistência ao governo durante o processo de sua elaboração.

As políticas públicas brasileiras incorporaram este projeto econômico, subordinando o setor da educação à racionalidade do universo econômico.

Segundo Moreira e Macedo (2000, p. 107), "alguns princípios de acordo com o Banco Mundial têm sido utilizados, no cenário educacional para tornar a educação mais competitiva, mais produtiva, mais sintonizada com as demandas das empresas e das indústrias".

Esses princípios podem se refletir, por exemplo, em adoção de Parâmetros Curriculares Nacionais (PCN) propostos pelo MEC, tendo como consultor César Coll, adepto do construtivismo e, também, consultor da Reforma Curricular Espanhola.

Isso, também, pode ser percebido na associação do currículo com um sistema nacional de avaliação através do SAEB, do ENEM e da avaliação dos cursos superiores da graduação — Provão.

Em síntese, o estudo efetivado permite afirmar que não são unicamente os currículos que devem mudar, mas sim as políticas destinadas à sua elaboração e posta em prática, bem como as fontes que iluminam os fundamentos teóricos das políticas educativas.

Bibliografia

ANGULO, J. Félix. "Descentralización y evaluación en el sistema educativo español". In: Escuela Popular. (3). s. l., s.e., jun. 1992.

ANGULO, J. Félix, CONTRERAS, José e SANTOS, Miguel. "Evaluación educativa y participación democrática". In: ANGULO, J. F. y NIEVES, Blanco J. (orgs.). Teoria y Desarrollo del Curriculo. Málaga, Aljibe, s./d.

BERMAN, Marshall. Tudo que é sólido desmancha no ar. A aventura da modernidade. s. l., s.e. 1986.

BRASIL. Secretaria de Educação Fundamental. Parâmetros Curriculares Nacionais. Brasília, MEC/SEF, 1997.

CANCLINE, Néstor Garcia. Consumidores e cidadãos: conflitos multiculturais da globalização. Rio de Janeiro, UFRJ, 1999.

CANDEIAS, Antônio. Políticas educativas contemporâneas: críticas e alternativas. In: *Educação e realidade*. Neoliberalismo, qualidade total e educação. v. 20. n. 1. Porto Alegre, UFRGS, 1995. Capacitação em Projeto Pedagógico. Módulo — 2. CEAE/UFRJ, 1999.

CARDOSO, Maria Claudia Chantre Costa. *O discurso da qualidade em avaliação*. Especialização em administração da educação e planejamento da educação — EDU-UERJ, 1999.

COLL, César. *Psicologia e currículo*. São Paulo, Ática, 1996.

CONTRERAS, José. *Autonomía por decreto?* Paradojas en la redefinición del trabajo del profesorado. Madrid, Morata, 1999.

FRANCO, Creso & BONAMINO, Alícia. Iniciativas recentes de avaliação da qualidade da educação no Brasil. In: FRANCO, Creso (org.). *Avaliação, ciclos e promoção na educação*. (art. 1). Porto Alegre, Artmed, 2001.

FRIEDMAN, Milton. "Capitalismo e liberdade". São Paulo: Abril Cultural, 1984.

GENTILI, Pablo & SILVA, Tomaz Tadeu da (orgs.). *Neoliberalismo, qualidade total e educação: visões críticas*. Petrópolis, Vozes, 1995.

HOUSE, Ernest R. Tendencias en evaluación. In: *Revista de educación*. (299). Madrid, s.e., 1992.

Lei nº 9.394 de 20 de dezembro de 1996. In: Diário Oficial da União de 26 de dezembro de 1996.

MACEDO, Elizabeth Fernandes de & LIMA, Elma Correa de. Currículo, cultura e conhecimento. In: *Cadernos Pedagógicos* I (1). Ano I. Rio de Janeiro, UERJ, dez./2001.

MOREIRA, A. Flávio & MACEDO, Elizabeth Fernandes de. "Currículo, políticas educacionais e globalização". In: PACHECO, José Augusto (org.). *Políticas de integração curricular* (art. 3). Porto — Portugal: porto, 2000. [Col. Currículo, políticas e práticas].

PESTANA, M. I. O sistema de avaliação brasileiro. In: *Revista Brasileira de Estudos Pedagógicos*. s. l. 1998.

SADER, Emir & GENTILI, Pablo (orgs.). *Pós-neoliberalismo: as políticas sociais e o Estado democrático*. São Paulo, Paz e Terra, 1995.

SOARES, Maria Clara. 50 anos de Bretton Woods. In: *Revista democracia*. v. 10. n. 106. s. l. IBASE, set-out.

_____. Banco Mundial: políticas e reformas. In: TOMMASI, Lívia De, WARDE, Miriam Jorge, HADDAD, Sergio (orgs.). *O Banco Mundial e as políticas educacionais*. São Paulo, Cortez, 2000.

SOBRINHO, José Dias. "Exames Gerais, provão e avaliação educativa". In: *Avaliação — revista da rede de avaliação institucional da educação superior*. v. 4. Campinas, s.e., set. 1999.

TOMMASI, Lívia de, WARDE, Miriam Jorge, HADDAD, Sergio (orgs.). *O Banco Mundial e as políticas educacionais*. São Paulo, Cortez, 2000.

TYLER, Ralph. *Princípios básicos de currículo e ensino*. Porto Alegre, Globo, 1974.

WARDE, Miriam Jorge; HADDAD, Sérgio. Apresentação. In: TOMASSI; WARDE e HADDAD (orgs.) *O Banco Mundial e as Políticas Educacionais*, São Paulo, Cortez, 2000.

Temas integradores da Supervisão Pedagógica, Orientação Educacional e comunidade escolar

Mary Rangel

> Na verdade, o principal salto deste estudo é a afirmação de dois princípios. O primeiro deles é o da contextualização, que amplia o significado dos temas educacionais; o segundo é o da importância de que esses temas revertam-se em objetivos e projetos comuns para a integração dos serviços e das pessoas que os realizam.

Nestas análises, motivadas pelo convite e sensibilidade pedagógica da Doutora Mírian Paura Grinspun, focalizam-se temas integradores da Supervisão Pedagógica (SP) e Orientação Educacional (OE), entre si, e com o coletivo da escola.

Sensibilidade é o sentimento que inspira cada reflexão e proposta deste texto, cuja preocupação essencial é a de oferecer aos supervisores e orientadores educacionais subsídios às suas aproximações, em favor de valores de vida e de convivência na escola e na sociedade.

Assim, a seleção dos temas que são focos dessas reflexões foi feita mediante o critério de seus valores e sua aplicabilidade, seja em parâmetros de conduta de Supervisores e Orientadores Educacionais, seja em projetos integrados de estudos que a SP e OE promovam com professores e alunos.

É nesses dois sentidos (o primeiro, de orientação da própria conduta dos supervisores e orientadores educacionais e o segundo, de constituírem-se em temas de seus projetos comuns) que se apresentam ao leitor os valores, conceitos e enfoques da *ética*, do *meio ambiente* e do *cotidiano escolar*. Esses temas atendem, também, ao princípio da contextualização: um dos princípios da inter e transdisciplinaridade de conhecimentos e práticas.

Desse modo, os temas contemplam alguns dos apelos sociais da atualidade e algumas das características da vida social e pedagógica, em torno das quais supervisores e orientadores educacionais, conscientes de seu papel comum de liderança, são convocados e impelidos a unirem-se, em favor da educação e, portanto, da formação de valores.

Os temas de projetos de estudos integrados e integradores da SP, OE e comunidade escolar que serão focalizados neste estudo são relevantes, não só porque correspondem a questões prementes que o contexto atual encaminha à escola, como também porque essas questões se relacionam à própria continuidade e dignidade da vida humana.

E a escola, instância socialmente comprometida, terá nos supervisores e orientadores educacionais, líderes de uma educação que se faz, contextualmente, *indispensável*.

Portanto, nas análises que se seguem, demonstra-se que o princípio da contextualização é, por excelência, aquele que oferece temas essenciais às necessárias articulações entre SP, OE e todos (alunos, professores, famílias) que constroem a educação para um mundo, uma *vida* melhor.

Questões do contexto e seus temas

O contexto atual traz à escola e suas lideranças questões que, para além dos conteúdos específicos do currículo, requerem um trabalho inter e transdisciplinar de formação/ação educativa. E os supervisores e orientadores educacionais, unidos em torno dessas questões, estimulam e lideram os estudos e as práticas do cotidiano escolar.

Assim, o princípio da contextualização, que fundamenta a escolha dos temas que trazem referências às condutas e a projetos comuns de estudos integrados, será considerado em alguns dos fatores que, hoje, interferem, direta e amplamente, no trabalho educativo, envolvendo todos os seus segmentos e conteúdos escolares: — a ética, um dos contrapontos da violência, o meio ambiente, natural e social, o cotidiano escolar e suas questões da pluralidade e das diferenças, da nova constituição familiar, das lutas, do sucesso e fracasso escolar, do ensino para a aprendizagem e do ensino com pesquisa.

Cada um desses temas e suas questões serão focalizados na sua presença, importância e compreensão no contexto atual, no modo como supervisores e orientadores educacionais poderão assumi-los e praticá-los, traduzindo-os em parâmetros de conduta, como também em projetos de estudos a serem implementados, integradamente, pela SP e OE, com professores e alunos, em vista de uma educação/formação que se quer, e se precisa, cada vez mais consciente e contextualizada.

A ética: um tema íntegro, integrado e integrador

A ética, substância da condição humana e política, é tema atual e premente, e por isso insere-se no processo educacional de desenvolvimento do ser humano, que passa, fundamentalmente, pela formação de consciências cidadãs.

Assim, enfatizam-se, na conduta de supervisores e orientadores educacionais e nos estudos e projetos em comum, que poderão desenvolver com professores e alunos, a inerência entre conhecimento e valores, e os elos da ética que os aproximam.

E, se a educação é de conhecimentos e valores, a escola, seus princípios e processos, também os assume, nos estudos, nos projetos e na própria construção das suas bases epistemológicas do currículo. Aprofundar a relação entre conhecimentos e valores, ensinados e assumidos para a vida ética e cidadã, é, sem dúvida, uma resposta dos estudos pedagógicos aos apelos da sociedade mundial, num tempo de acentuada violência urbana e violência ideológica, sejam elas denunciadas ou, por oposto, naturalizadas, embutidas nos estofos da tranqüilidade aparente, tornando-se, portanto, recessivas.

A violência urbana e a violência ideológica se recrudescem na pobreza e na desigualdade social, tanto quanto nas situações de autoritarismo e totalitarismo político, arbitrariedades e ausência de limites, sobre os quais pensadores como Hannah Arendt (1972, 1978, 1987 e 1988) têm refletido. O legado dessas reflexões é, sobretudo, o do enfrentamento do "impacto da realidade":

> ... a convicção de que tudo o que acontece no mundo deve ser compreensível pode levar-nos a interpretar a história por meio de lugares comuns: compreender não significa negar nos fatos o chocante, eliminar deles o inaudito, ou, ao explicar fenômenos, utilizar analogias e generalidades que diminuam o impacto da realidade e o choque da experiência (Arendt, 1978, p. 10).

Reflexões dessa natureza estimulam a pedagogia e a educação no sentido de aprofundarem estudos e práticas, na perspectiva das possíveis contribuições à redução da violência.

Sem perder de vista o princípio de que a escola não pode dar conta dos problemas sociais, especialmente num tempo em que esses problemas se potencializam, pelos reflexos e implicações da globalização, da desigualdade e da pobreza, pode-se, entretanto, ampliar os debates sobre o que a formação educativa, no âmbito de suas possibilidades, como área em que se (re)constroem saberes e atitudes, pode fazer "por um mundo melhor": expressão e esperança que se mantêm no senso e sentimento comum.

É no interesse de ampliação dos debates sobre o que a educação pode fazer por um "mundo melhor", que se chega ao tema da educação para a consciência de limites éticos: um tema cujo estudo os supervisores e orientadores educacionais poderão liderar de forma integral e integrada.

A formação ética é uma das alternativas e uma das respostas possíveis da educação aos apelos do tempo atual. Essa resposta insere-se no princípio da liberdade de escolhas do ser humano para uma vida pessoal e social de melhor qualidade. A formação ética é, então, parte da educação para a consciência de limites, que definem valores e parâmetros de condutas.

Assim, os limites sobre os quais se propõe a educação constituem referências sociais necessárias aos indivíduos na sociedade e, nesse sentido, podem definir-se como *bens sociais*.

Também por isso, associam-se os limites à liberdade, que se exerce de modo responsável e consciente, permitindo e promovendo relações sadias entre interesses pessoais e coletivos. Nesse ponto, vale a premissa e o princípio de que o atendimento às aspirações comuns resulta e reverte-se em interesse de cada indivíduo.

Nessa mesma perspectiva do agir responsável, que é fator e requisito de ser livre, compreende-se que os limites também se definem em oposição às arbitrariedades e ao autoritarismo.

Ainda nesse mesmo sentido de análises, é oportuno que supervisores e orientadores educacionais unam-se, em suas ações, em suas atitudes, em seus projetos, no sentido de observar e orientar a observação da diferença conceitual entre interesse e interessismo, tanto quanto entre autoridade e autoritarismo.

Os limites aproximam e articulam os interesses da pessoa aos do coletivo de que faz parte, ao mesmo tempo em que se opõem ao interessismo egoísta, indiferente, desarticulado dos projetos coletivos, integrados e integradores.

Do mesmo modo, os limites auxiliam o reconhecimento da autoridade legítima, que se exerce pelo social, e contrapõem-se ao autoritarismo, que o oprime ou destrói. Os campos de concentração, as torturas, as práticas do totalitarismo são exemplos de ausência de limites (Arendt, 1978).

Os limites éticos, portanto, formam-se com conhecimentos e valores requeridos pela vida e convivência na sociedade e promovidos pelas relações e instituições sociais, entre elas a escola. Em síntese, os limites, nesse sentido, são ampliações e não restrições de espaços de ser, viver e conviver.

A supervisão e orientação educacional podem, então, contribuir, através do incentivo e implementação de estudos e projetos, para a educação de limites, com especial atenção aos limites éticos. Essa educação pode (deve) se realizar, seja no ensino-aprendizagem dos alunos, seja em informações, seja em orientações e diálogo com os pais.

A educação de limites pode, então, contemplar vários planos de considerações e conceitos, pelos quais se possa responder, refletir e orientar sobre o que são limites, sua importância, sua presença na escola, na família, na sociedade, suas expressões em forma de códigos (sinais, convenções, sentidos) de ética. As considerações desenvolvidas em cada um desses planos podem abordar elementos pontuais da formação educativa de valores, que incorpora a formação educativa de limites: um propósito de união e ação de supervisores e orientadores educacionais e critérios de sua própria maneira de atuar, demarcando seus espaços específicos, de modo que não se tornem invasivos, e ampliando os espaços comuns, de parcerias e integração. Para isso, é importante reconhecer e considerar os limites como fatores de ampliações e acréscimos de oportunidades.

O que são limites

A palavra "limites" pode estar sujeita a interpretações que a associam a cerceamento da liberdade, a controle externo (de uns sobre outros), ou a imposições de condutas.

Entretanto, lembrando que as palavras são símbolos criados a partir dos fatos que as solicitam, a compreensão dos limites alcança o sentido, mais abrangente e mais essencial, de parâmetros, definições, critérios, valores que orientam a vida pessoal e as relações sociais.

Os limites, decididos e assumidos individualmente, traduzem os interesses de cada pessoa, afinados com os interesses do coletivo do qual faz parte. Reafirma-se, portanto, o princípio da sintonia entre interesses individuais e interesses coletivos, voltando-se a observar a interdependência e recorrência entre ambos: um princípio que favorece, sobremaneira, as ações integradas de supervisores e orientadores educacionais.

Desse modo, os limites — contornos éticos das relações — representam valores sociais, com significativo conteúdo humano, político, existencial. Assim, é preciso e possível reconhecer a importância dos limites para a vida pessoal e coletiva.

A importância dos limites: um valor que integra as reflexões e ações da SP e OE

Os limites demarcam os espaços de liberdade individual, de modo a preservar os espaços coletivos.

Os limites aproximam as pessoas em seus grupos e constituem referências de condutas que as qualificam, respeitam e compreendem em seus direitos e deveres.

Os limites favorecem a superação de interessismos autocentrados por interesses partilhados, de individualismos solitários, por individualidades solidárias, da inconseqüência do autoritarismo, pela competência da autoridade, da arbitrariedade, pela consciência da liberdade.

A importância dos limites corresponde à importância de critérios de justiça, ética, eqüidade, dignidade humana; é a importância da "lei" da vida e do "viver com", de criar laços que fortaleçam os valores de cidadania e estabelecer critérios e princípios de construção, preservação e realização desses valores. Esses mesmos argumentos sugerem observar, com especial atenção, os limites no contexto das ações e relações na escola, seus setores e serviços.

Limites na escola: considerações importantes nos estudos e ações integradas da SP e OE, e fatores de relações inclusivas

Os limites na escola envolvem os aspectos das relações entre supervisores e orientadores, assim como entre professores, alunos, funcionários, envolvendo, também, as relações entre a escola e as famílias, a escola e a comunidade.

Os limites que conduzem relações na escola pautam-se, essencialmente, pela qualificação, consideração, respeito, parceria, colaboração. Nesse sentido, existem limites para as palavras e as ações, com o especial intuito de que sejam para inclusão, evitando-se, portanto, no ambiente escolar, os (mesmos) processos de exclusão encontrados na sociedade, traduzindo-se em formas de violência, que se expressam por discriminações, preconceitos, desqualificação, omissões, indiferenças.

A palavra, a comunicação, são próprias da escola, do ensino-aprendizagem e do processo educativo que, na sua essência, é dialógico. Nesse diálogo, o ato de falar assume uma relevância especial, no equilíbrio entre assertividade, convicção, firmeza e flexibilidade. Por isso, propõe-se refletir sobre a ética da palavra.

Numa perspectiva ética, é oportuno rever o princípio de que falar é fazer uso do poder da palavra que pode, ou não, ser propulsora de vida, de aproximação, de realização... de inclusão. Palavra é responsabilidade de quem a emite; ela vem, primeiro, no pensamento e, depois, se expressa na escrita, na oralidade, nos gestos. Na origem da palavra — o pensamento — pode-se confirmar, ou não, o que se vai dizer, pode-se sustentar, ou não, as razões desse dizer e pode-se, refletindo mais fundo, prever os efeitos do que vai ser dito. Os limites, portanto, iniciam-se no pensamento e na consciência.

O potencial da palavra — de seus efeitos — é expressivo. Palavras geram ações e os seus limites são aqueles necessários a que o diálogo possa conduzir o debate, a discussão de idéias, preservando a consideração de quem as emite, e o fundamento do respeito à pluralidade, princípio e premissa da paz, cuja perda é fonte e processo de violência.

Há muitas formas de perdas, assim como há muitas formas de violência, tanto quanto muitas formas de matar ou morrer, que impedem a paz. A todas essas formas, o homem, com a sabedoria e consciência ética, responde com o conhecimento de si, do mundo, dos valores e limites que sustentam a liberdade. Assim como há diversos níveis e tipos de perdas, há também diversos níveis e tipos de ganhos; um deles é o de pertencer a um grupo, a uma equipe, a um trabalho. O pertencimento a um grupo é fenômeno da vida contemporânea. "Ser" de um grupo é não estar só, é estar junto e, por conseguinte, ser e ter companheiros, "estar com". Assim, é poder partilhar (o bom e o ruim), é pisar num chão conhecido, é poder plantar e colher nesse chão, é estar incluído e promover inclusões.

Portanto, é um ganho expressivo o de pertencer à escola, que é "terra fértil" para plantar, colher e acolher idéias, valores, conhecimentos, que são produzidos em favor do homem, numa sociedade que se deseja menos excludente e menos violenta.

Toda essa argumentação encaminha-se para o conhecimento da importância da ética, que se destaca no epicentro da formação de consciências para a vida cidadã. Assim, esse encaminhamento também se faz na direção do código de ética, que define parâmetros de conduta para a qualidade nas relações sociais.

Por isso — e porque o código de ética é construído pelo e para o coletivo — a própria formulação do código é momento de envolver as pessoas em reflexões e definições do que se faz e do que se pode fazer para o aprimoramento da convivência, ou seja, do "viver com".

A formulação do código de ética poderá ser, então, um estímulo à aproximação de todos os segmentos da escola, em vista de um mesmo propósito de refinamento de princípios e critérios do "agir em comum". O código será também um estímulo à avaliação periódica desses princípios e critérios, suas definições e sua prática, no sentido de possíveis e necessários redirecionamentos.

Código de ética: exemplo de um projeto coordenado pela SP e OE

O código de ética que se apresenta a seguir exemplifica um tipo de formulação realizada no contexto de uma escola pública de Niterói (RJ), constituindo um projeto pedagógico proposto, liderado e coordenado pela SP e OE. Assim, os itens desse código (*e aqui se entende código como convenções discutidas e decididas de modo refletido e participado*) também exemplificam valores de conduta que podem ser pensados e redefinidos coletivamente e (sempre) coletivamente redimensionados. O projeto desse código foi, portanto, uma das formas pela qual a SP e OE da escola optaram, visando o envolvimento de professores e alunos com um tema de significativo interesse para reflexões e definições de atitudes e condutas na perspectiva da "educação para a consciência de limites éticos".

O texto do código que se apresenta a seguir, contempla a abrangência, o princípio geral e os princípios específicos.

Código de ética

Abrangência
Este código de ética foi redigido por e para todos os integrantes da comunidade educativa, no sentido e propósito de constituir-se como "unidade comum" integradora da formação e práticas de direitos e deveres da vida cidadã.

Este código inclui tipos de condutas que não se impõem ou determinam, mas se oferecem como princípios a serem encaminhados e refletidos para, então, inserirem-se no processo educacional de desenvolvimento de valores de vida e convivência. Assim, adotar este código será, sobretudo, assumi-lo de forma consciente, desde que a sua importância seja reconhecida pela comunidade escolar que o redigiu.

Princípio geral

A escola é lugar de educação e, portanto, de formação de atitudes. Assim, considera-se relevante definir critérios de conduta, pautados em seriedade, verdade, união, respeito humano. A ética é valor pessoal e social indispensável à qualidade das ações, para que preservem e dignifiquem a instituição, os professores, os funcionários, os alunos e as famílias.

Princípios específicos

Os princípios específicos dizem respeito aos aspectos da conduta, em favor do ambiente de trabalho e do respeito às pessoas e à escola. Assim, contemplam-se, nesses princípios, a integridade, as relações, a preservação da escola.

Integridade pessoal, social e escolar

O princípio da integridade pessoal, social e escolar recomenda a cada participante da comunidade educativa que:

— Oriente suas ações, de modo a preservar seus direitos, assim como os das pessoas com quem convive, na família e na escola.

— Fale de maneira que suas palavras expressem respeito e qualificação da pessoa a quem está se dirigindo.

— Cuide da sua integridade, agindo de modo transparente, sem faltar com a verdade ou omitir-se diante dos fatos.

— Evite situações de risco para a sua saúde física, psicológica, emocional.

— Preserve a integridade e dignidade da sua família e sua nação, valorizando-os com suas atitudes em casa, na escola, na comunidade, em todo ambiente social.

— Lembre-se de que seu nome é sua identidade, e honre-o, sempre, com suas palavras e condutas.

Relações com colegas e professores

O princípio das relações com colegas e professores recomenda a cada participante da comunidade escolar que:

— Fale e aja com as pessoas com quem convive, procurando valorizá-las, respeitando-as e acolhendo-as em suas diferenças e singularidades.

— Faça do tempo e espaço de convivência na escola e na família um tempo e espaço de parceria, acolhimento e qualificação.

— Aja de modo a liderar, nos grupos dos quais participa, atitudes que promovam e valorizem o ambiente de trabalho e as pessoas que dele participam.

— Evite atitudes de ironia e de agressividade, que prejudicam o convívio, a qualificação, o respeito, a aproximação, as parcerias.

— Aja de modo a auxiliar, a favorecer o trabalho, e de modo que as pessoas possam expor os assuntos e desenvolver as atividades num ambiente de respeito, atenção, consideração e seriedade.

— Evite comportamentos que prejudiquem a atenção e o interesse nas atividades e serviços.

— Preserve e promova o princípio de que é a própria pessoa que tem responsabilidade e toma decisões sobre suas atitudes. O respeito, a atenção e o trabalho são decisões e convicções de cada um, sobre seus próprios valores e sua própria conduta. Ninguém precisa "controlar" ou "ser controlado" por alguém. Esse é um valor e um princípio de ser livre e responsável.

— Adote o princípio da consciência e autonomia das ações, incluindo a importância da disciplina, como valor e decisão pessoal e social, em favor do estudo e do trabalho.

Preservação da escola

O princípio da preservação da escola recomenda a cada integrante da comunidade escolar que:

— Valorize e preserve escola, o seu prédio, os pátios e outros espaços coletivos, de modo a estarem limpos e conservados.

— Zele pela limpeza dos ambientes que freqüenta, jogue lixo nas lixeiras e, se houver oportunidade, participe da coleta seletiva, para reaproveitamento.

— Cuide dos móveis, carteiras, cadeiras, quadros, de modo que permaneçam limpos e conservados; são bens da coletividade.

— Priorize, de modo geral, o respeito, a valorização e preservação do ambiente e dos locais públicos, compartilhados.

— Preserve, com cuidado e respeito, todos os instrumentos, equipamentos e materiais escolares.

— Respeite as plantas, os jardins, os animais, como patrimônios da natureza sadia.

Esse é um exemplo de código que foi opção de uma escola, com a "co-ordenação" (organização em comum) da SP e OE no intuito, coletivo, de que essa escola se conduzisse pelos limites do respeito e consideração à vida e à convivência. Entretanto, a maneira como esse código se apresenta caracteriza-se pelo princípio da reflexão e não da imposição. *Desse modo, cada aspecto de conduta contemplado constitui-se em objeto de estudo, de análise crítica da SP e OE entre si e com professores e alunos, de forma a ser assumido, sobretudo, pela consciência do seu valor humano e social.*

Entretanto, com ou sem a presença de um código, os valores éticos que perpassam o currículo e o integram podem ser também aqueles que aproximam a SP e a OE em suas (inter)ações e projetos.

Assim, a "educação para a consciência de limites éticos" encontra sentido e significado em critérios valorativos de conduta que auxiliam a aproximação das pessoas, o respeito às diferenças e à pluralidade, a consideração às circunstâncias do viver e conviver *livres*, que se consolidam pelo respeito e qualificação de si e do outro.

Com esse sentido e significado, os limites não cerceiam, mas, ao contrário, ampliam as condições de autonomia, de iniciativa, de criação e criatividade, orientados por critérios de consciência de cidadania e, portanto, de direitos e deveres que se formulam *coletivamente*, para a vida em *comunidade*. E a vida em "comum-unidade" é a que caracteriza e motiva as associações entre os serviços específicos, superando espaços e experiências isoladas e/ou "isolantes".

Entretanto, ao se observarem os elementos da ética, no exemplo de um código que foi projeto da SP e OE e, com seu estudo e estímulo, foi formulado pelo coletivo de uma escola, pôde-se perceber que esses elementos tiveram efeito em condutas favoráveis à integração de pessoas e serviços.

Pode-se, também, notar no código exemplificado, que os parâmetros, princípios e critérios de suas formulações, se observados em condutas éticas em âmbito das relações entre povos, poderiam servir ao interesse da paz, do respeito, da qualificação, da repulsa ao preconceito, às ações "ilimitadas", que se absolutizam na dominação ou na hegemonia econômica, política e racial.

Quando se propõe, como projeto comum da SP e OE, a "educação para limites éticos", com diferentes momentos de estudos e atividades, considera-se, essencialmente, o potencial educativo da escola como instância de formação de valores e de consciências.

Todas as considerações feitas neste estudo sintetizam-se, finalmente, na ênfase à atenção dos educadores às possibilidades da escola, seus professores, alunos, pais, seus serviços pedagógicos, de unirem-se e mobilizarem-se pela e para a construção e socialização de idéias, saberes e atitudes, que formam os indivíduos e, através deles, as nações.

Sem dúvida, essa é uma das questões de fundo dos trabalhos integrados da SP e OE no projeto e processo de *sensificar*, ou seja, de contribuir para que a escola se envolva com o restabelecimento da sensibilidade no mundo.

Nesse mesmo processo e projeto, incluem-se as questões e valores do meio ambiente: mais um tema contextualizado e integrador, de reflexos significativos na vida e na convivência escolar.

Meio ambiente: possíveis enfoques para projetos integrados da SP e OE

> O meio ambiente, sua preservação, a consciência da sua importância para a vida, e os seus problemas, que hoje se acentuam, por muitos fatores e vertentes, têm recebido expressiva divulgação na mídia e através de organizações e fóruns sociais.

Sem dúvida, esse tema e seus valores de formação ocupam e preocupam os educadores. Sem dúvida, também, encontram-se, nesses valores, motivos da maior significância para (mais um) projeto integrado de estudos da SP e OE.

Os enfoques do meio ambiente que, aqui, se exemplificam, foram obtidos em pesquisa, com a base teórica da representação social (Reigota, 1998).

A partir da investigação de Reigota (1999) puderam-se, então, perceber conceitos e imagens que propiciam enfoques a um projeto de alcance transdisciplinar que poderá ser implementado pela SP e OE, envolvendo professores e alunos de diversas séries e disciplinas do currículo.

Os conceitos e imagens que constituem as representações são formados durante as comunicações, interações e vivências dos sujeitos nos seus grupos sociais.

As representações têm, na sua estrutura, o núcleo central e o esquema periférico. O núcleo central consiste nos conceitos mais presentes nas afirmações e, portanto, mais sólidos. Assim, esses conceitos concretizam-se em imagens, adquirindo o seu poder simbólico, o seu poder de síntese de significados.

No "esquema periférico" estão conceitos, afirmações, idéias que, no entorno do núcleo, o complementam, confirmam e protegem.

Novos conceitos, diferentes dos que se consolidam no núcleo, só serão assimilados mediante estudos e reflexões que possam superá-los por outros mais fundamentados e mais próximos do real.

As representações têm origem e destino social, podendo influir em crenças, expectativas e condutas que, por sua vez, repercutem na forma como os sujeitos agem e (re)constroem os fatos. A (re)construção dos fatos poderá se dar, então, de acordo com a maneira com que os sujeitos os representam e, assim, os mantêm.

Com essas referências teóricas, e com os dados da pesquisa de Reigota (1998), constata-se que as representações sociais de meio ambiente adotam uma perspectiva naturalista, ou seja, centrada na natureza, no meio ambiente natural, e no espaço em que se situa, no qual os seres vivos habitam.

A natureza contém elementos abióticos, da água, ar e solo, e bióticos, dos seres vivos. Esses elementos são equivalentes, nivelados em sua importância, como também são interdependentes.

Embora, na representação social do meio ambiente, o aspecto da interdependência entre elementos bióticos e abióticos demonstre sensibilidade ecológica, o aspecto referente ao homem, reduzido ao seu entendimento como ser ameaçado, ou como ameaçador e depredador, demonstra a necessidade de avanços conceituais, que possam repercutir em avanços de conduta.

Desse modo, o projeto integrado da SP e OE poderá, em favor da vida e seus valores, desenvolver estudos e atividades pelas quais se alcancem significados mais amplos do meio ambiente, pelo entendimento da relação entre os elementos naturais e os políticos, sociais e profissionais.

Nessa perspectiva, reafirma-se o homem, não como ser ameaçado e ameaçador, mas como ser integrante do meio ambiente, cuja reconstrução e preservação, não só reflete na vida humana, como *necessita da vida humana de qualidade*.

Assim, estende-se o significado de meio ambiente natural ao significado de meio ambiente social, estendendo-se, então, os cuidados com o meio ambiente ao próprio homem e suas condições de vida. Esses cuidados contemplam, portanto, os valores da vida cidadã, a exemplo da saúde, sexualidade, família, trabalho, ciência e tecnologia, cultura, linguagens.

Por isso, a *saúde* — física, mental, emocional, social — a *sexualidade* — em seus fatores orgânicos, psicológicos, existenciais, éticos — o *trabalho* — sua garantia à dignidade humana — a *ciência e tecnologia* — sua ampliação de oportunidades — a *cultura* seu reconhecimento e respeito — as diferentes *linguagens* — sua qualificação e inclusão — sejam, também, além de outros, direitos da vida cidadã, partes relevantes do meio ambiente a serem cuidadas e garantidas, em níveis de qualidade de vida.

Sem dúvida, são muitas as contribuições, no sentido de maior abrangência e profundidade de compreensão, e de atitudes de maior alcance e consciência, em favor do meio ambiente e dos cuidados com a vida, que um projeto integrado da SP e OE pode oferecer, através de estudos que propiciem leituras, discussões e, também, produção de textos. Sem dúvida, também, a consideração ao meio ambiente, não só situado na natureza, mas entendido em sua dimensão humana e social, pode alargar, significativamente, a compreensão de que o meio escolar é meio ambiente de expressivo valor, a ser cuidado, respeitado e preservado com *integridade* e *integração*, em cada momento e contexto do seu cotidiano.

Cotidiano escolar: no seu contexto, os temas integrados e integradores

Mantendo o princípio da contextualização e adotando-o com atenção ao cotidiano escolar, encontram-se temas orientadores de condutas e de projetos integrados de estudos da SP, OE e comunidade escolar, com expressiva atualidade e importância social.

Alguns exemplos desses temas são: as diferenças no cotidiano escolar, as manifestações de lutas no e do cotidiano, a nova constituição familiar, fracasso e sucesso na escola, ensino-aprendizagem.

A diferença no cotidiano escolar

A diferença no cotidiano escolar é expressão da pluralidade e singularidade. Qualificar e acolher a diferença e o diferente são valores que definem e distinguem os seres humanos.

Uma das diferenças que mais têm suscitado exclusões e discriminações no ambiente escolar é a do homossexualismo. Antonio Moser, em *O enigma da esfinge* (2001), observa que o homossexualismo é parte da vida orgânica, genética e social. O sentido de "parte" é o de pertencer, sem rejeições ou discriminações, como as que se apresentam no seguinte depoimento de um gay:

O aluno gay costuma sentar-se ao final da sala e ficar, o máximo possível, em silêncio, para não ser notado, para não descobrirem que ele é gay. O controle dos gestos e o silêncio são, sobretudo, manifestações do medo que se sente... muito medo.

A força desse depoimento leva a refletir sobre as implicações de lidar com as diferenças. Lidar com as diferenças e os diferentes implica em acolher, em dialogar, em participar e permitir a participação, em ampliar a vida e a convivência no cotidiano social e escolar.

Consensos e dissensões, convergências e divergências, não implicam em exclusões. Se existe a fragilidade do tempo, pode-se torná-lo mais forte nos espaços de acolhimento e inclusão que construirmos no cotidiano da vida, do estudo e do trabalho. Por isso, a diferença no cotidiano escolar é tema da compreensão, do estudo, do sentimento e atitudes integradoras de supervisores e orientadores educacionais. Do mesmo modo, outro tema, relevante e atual, serve ao mesmo propósito de estudo e integração: as manifestações de lutas, no e do cotidiano.

Manifestações de lutas, no e do cotidiano

O que é luta? O que é lutar?

O significado de "luta" tanto pode ser o do conflito, da violência, como do empenho e mobilização em vista de objetivos que priorizem a coletividade e seus interesses.

Tanto quanto as diferenças, as dissidências e os conflitos podem ampliar perspectivas, visões, ações integradoras, que priorizem os interesses legítimos. Essas perspectivas, visões e ações podem ser possíveis, apesar das divergências, desde que o diálogo supere a agressão, a discriminação e a violência.

A violência, observando-se o pensamento arendtiano, resulta em mais violência e opressão e, nesse processo, as razões perdem a legitimidade. Desse modo, acredita-se na possibilidade de lutar sem violência. Argumentos e movimentos sociais são algumas dessas possibilidades.

Temos observado o quanto esse fenômeno social (a violência) vem se expressando dentro e no entorno do espaço escolar, produzindo-se/reproduzindo-se nas relações. Entretanto, contrapondo-se a essa constatação pessimista, também podemos observar muitas expressões de luta pela vida (Costa e Gomes, 1999, p. 160).

Assim, contrapondo-se à violência, em suas formas explícitas ou escamoteadas, em suas expressões nas palavras, nas atitudes, nas opressões ou exclusões, a SP e OE podem se unir, para maior integração da comunidade escolar, em seus estudos e suas práticas, em favor da justiça, da igualdade e da paz, na escola e na vida. Nesse mesmo sentido de relevância, focaliza-se a nova constituição familiar.

A nova constituição familiar

As diferenças, indiferenças, lutas, violências, em suas diversas formas, refletem-se na família. Para além de problemas existenciais, os problemas sociais sintetizam-se e sincretizam-se na família; por isso, cresce e agrava-se o problema dos "meninos de rua" ou da favela: problema que se acentua pela falta ou degradação da família.

Duas necessidades (entre outras), então, se apresentam: a de qualificar e a de ampliar o sentido de família. A qualificação da família vincula-se ao seu direito a viver com dignidade (e nesse aspecto consideram-se os direitos ao trabalho, moradia, saúde, educação, lazer) e ao dever do Estado em garanti-lo. Sem condições dignas de vida, a família se desestrutura:

> [...] também seria ingênuo esperar que em famílias que vivem nas condições da mais absoluta miséria (como é o caso das famílias da maioria dos meninos de rua), os pais ainda possam conviver em harmonia, tranqüilos e afáveis (Teves, 1999, p. 15).

Assim, a ampliação da família vincula-se, também, ao direito à dignidade e qualidade de vida das crianças e jovens que não têm a presença, o convívio, a segurança de um pai, uma mãe, um contexto familiar. Essa ampliação se faz na medida do acolhimento e da integração dessas crianças a famílias que queiram estender-se em seu conceito e função social. É esse o sentido da família ampliada. E poderá ser também esse o sentido de um trabalho integrado e integrador da SP e OE, no interesse, seja da formação de valores, seja do alcance, ampliado, do conceito da escola, como "família". A atenção a esse conceito incorpora também as questões do fracasso e sucesso escolar.

Fracasso e sucesso na escola

O fracasso escolar tem recebido significativa atenção dos educadores em estudos, pesquisas e publicações.

Esse tema remete às questões, especialmente sensíveis, da avaliação e a processos e resultados que se manifestam em reprovações e exclusões, no curso da vida escolar.

No bojo dessa discussão, contestam-se as atribuições de "certo" ou "errado", as notas, as classificações que, embora questionadas na escola básica, permanecem em outros níveis e espaços acadêmicos e socioprofissionais. Outro ponto sensível dessa discussão é a análise de relações entre fracasso e sucesso na escola e fracasso e sucesso no cotidiano da vida social e profissional. Por isso, fica a indagação: por que, para que, para quem ainda se atribuem as expressões (e qualificações) de "bom" ou "mau" aluno?

> [...] E assim, não terá sentido se falar do "bom" ou "mau" aluno, mas sim do aluno (qualificado nesta condição), sobre o qual não se coloca o "peso" das expectativas decorrentes dos (pré)conceitos do "esforço" e do "mérito pessoal", que justificam e simplificam as razões do seu "sucesso" ou "fracasso".
>
> O "bom" e o "mau" se deslocam, então, para o julgamento das circunstâncias sociais que envolvem a escola, estimulando a sua contribuição no sentido de que o conhecimento escolar (pela sua substância histórico-crítica) sirva à prática social, de modo que as "qualidades" do aluno reflitam e reflitam-se na qualidade e dignidade da sua vida.
>
> E o aluno — "bom", pela sua condição de pessoa, de sujeito social — será então aquele que aprende e aplica o conhecimento no interesse da construção de uma sociedade mais justa e menos desigual: uma sociedade em que o qualificativo "bom", referido à qualidade de vida, se aplique, igualmente, a todos os indivíduos (Rangel, 1998, p. 77).

Essa questão do "bom" ou "mau" aluno é, sem dúvida, um "link" significativo de todos os aspectos e todas as iniciativas do trabalho, da mobilização escolar, liderada por supervisores e orientadores educacionais, até porque o "fracasso" do aluno gera um sentimento de frustração que contamina e desanima toda a escola, sem distinção ou divisão de pessoas ou serviços. E a pesquisa, associada ao ensino, pode oferecer subsídios à superação do "fracasso".

Ensino com pesquisa

Quem ensina, não pesquisa? Quem pesquisa não ensina? O que é ensinar? O que é pesquisar?

Ensinar a aprender e aprender a ensinar são conceitos que se associam à reconstrução ou reelaboração do conhecimento, enquanto processos que se realizam com a parceria de alunos, professores e setores, no cotidiano escolar. Ensinar não é só instruir ou informar, mas reconstruir conteúdos e processos de aprendizagem. Essa reconstrução se dá no movimento e nas relações entre professores, alunos, conteúdos, métodos, avaliação, recuperação e contexto da aprendizagem.

Pesquisar é indagar, investigar, aproximar-se dos fatos, com base teórica e metodológica pertinente à construção dos objetos de pesquisa, com especial atenção aos sujeitos que o vivenciam no cotidiano. É nesse sentido que, na perspectiva moscoviciana da representação social, os objetos de pesquisa são prolongamentos dos sujeitos.

Assim, os objetos do conhecimento sobre o ensino e aprendizagem são construídos por professores, alunos, setores e serviços especializados, no cotidiano da educação, da escola, da sala de aula, observando-se os fundamentos, contextos e fatores sociais, históricos, políticos e suas influências.

Esses são alguns dos muitos argumentos que sustentam a indissociabilidade entre ensino e pesquisa, professor, aluno, supervisor, orientador educacional e pesquisador.

O ensino associado à pesquisa incorpora uma atitude de indagação e desrotinização dos fatos, de modo que não sejam (e este é um dos mecanismos da representação social) "naturalizados" no dia-a-dia da sala de aula e dos demais espaços formativos da escola. Essa atitude, fundamentada, perspicaz, investigativa é, sem dúvida, uma atitude a ser assumida em comum pela SP e OE. Nesse sentido, os "problemas" do cotidiano escolar não se constituem em obstáculos, mas em incentivos ao estudo, ao diálogo e, através deles, à "descoberta" de causas, efeitos e soluções. Esse é um tema e um projeto essencialmente integrador da SP, OE e todos os participantes da escola. O mesmo acontece com a questão do ensino para a aprendizagem.

Ensino-aprendizagem

Ensino por e para a aprendizagem é ensino comprometido com a garantia cidadã do conhecimento. Alguns princípios são adequados a que esse propósito de comprometimento se realize.

O princípio da consideração ao conhecimento espontâneo do aluno (saber que ele constrói nas vivências cotidianas, nos conceitos que forma na prática, nas comunicações e interações sociais) é uma das referências articuladoras do ensino-aprendizagem.

O princípio do significado do conteúdo que se ensina-aprende para a vida, para a emancipação, para a realização pessoal, social, política, é relevante à própria motivação da aprendizagem.

O princípio da concretização de conceitos em fatos, exemplos, imagens, objetos, também amplia os sentidos e motivos para aprender.

O princípio de ensinar-aprender a pensar, a fazê-lo de modo mais profundo, amplo e sistemático, pela reflexão, análise, conclusão, desenvolve condições de compreender, aplicar, criar.

Esses e outros princípios orientam os processos de ensino vinculados à aprendizagem e a articulação de seus integrantes, na dinâmica do cotidiano: os sujeitos — professores, supervisores, orientadores educacionais, alunos — os conteúdos, métodos, avaliação, recuperação e contexto. No contexto, observam-se os fundamentos e fatores do ensino-aprendizagem, a exemplo dos sociais, históricos, políticos e antropológicos. Por isso, é possível e preciso acreditar no valor pedagógico e social do professor, seja ele "especializado" em conteúdos e níveis escolares, seja ele "especializado" em funções pedagógicas de apoio, estudo, liderança e coordenação.

> Acredito no valor pedagógico e social do professor. Ele sabe o que ensina e, por isso, o faz com clareza, elucidando e exemplificado conceitos, aproveitando e articulando o saber do aluno ao saber acadêmico, utilizando formas de ensinar diversificadas, de acordo com a matéria, o aluno, os recursos, as circunstâncias, estimulando o aluno à palavra e à ação, entendendo-as como forças políticas de um povo.
>
> E porque a prática social encaminha a prática pedagógica, o "bom-professor" se define como aquele que ensina conhecimento, raciocínio crítico e o valor do direito político do cidadão a "ser" e "viver" com dignidade. (Rangel, 2002, p. 59)

O ensino que se realiza para a aprendizagem é, sem dúvida, um propósito e uma motivação aos estudos, projetos e parcerias da SP e OE. Esse propósito é nuclear no trabalho, na função e no papel sociopedagógico da escola.

Para finalizar, uma consideração

Na verdade, o principal saldo deste estudo é a afirmação de dois princípios, que se associam. O primeiro deles é o da contextualização, que amplia o significado dos temas educacionais; o segundo é o da importância de que esses temas revertam-se em objetivos e projetos comuns para a integração dos serviços e das pessoas que os realizam. A contextualização oferece sentidos e referências aos projetos. Nos temas do contexto, seus fatos, problemas e apelos, encontram-se motivações aos projetos comuns.

Motivação é o sentido e o sentimento que trazem "motivos" para as ações. Essas ações, se conjugadas e integradas, reforçam-se, fortalecem-se, articulam-se, energizam-se.

Desse modo, estabelecer objetivos que motivem projetos integrados é algo que encontra no contexto, escolar e social, os seus "motivos" para "ações", que se tornam mais significativas, mais assumidas, mais vivas e viáveis, através do envolvimento e da união das pessoas e suas contribuições específicas.

As contribuições específicas são as que se definem em cada área de competência; assim acontece com a SP, com o SOE, com os professores de cada disciplina, pois são também "especializados" em suas funções.

Tomando-se a perspectiva epistemológica da interdisciplinaridade, e considerando-se que o domínio específico de conhecimentos favorece a identificação e a realização de seus elos articuladores, em suas diversas áreas, pode-se transpor esse mesmo enfoque para a integração dos serviços, cujas especializações, ao contrário de dificultar, podem favorecer articulações do e no trabalho.

Do ponto de vista semântico, integrar pode ser entendido como "completar", "tornar inteiro". Assim, esse entendimento esclarece sobre a direção do ato integrador, que se faz *pelo que se deseja mais inteiro e mais completo*.

Com esse sentido e argumento, finaliza-se este capítulo sobre integração entre SP, SOE e comunidade escolar, reforçando a premissa de que, no contexto, nas circunstâncias concretas da vida e seus valores, encontram-se os temas de projetos que aproximam e ampliam os objetos e objetivos do trabalho (educativo, formativo, conscientizador) de educar: tarefa de todos, pessoas e setores, que assumem a escola e seus compromissos sociais e pedagógicos.

Bibliografia

ARENDT, H. *A condição humana*. Rio de Janeiro, Forense, 1987.

_____. *Crises da República*. São Paulo, Companhia das Letras, 1988.

_____. *Entre o passado e o futuro*. São Paulo, Perspectiva, 1972.

_____. *Homens em tempos sombrios*. São Paulo, Companhia das Letras, 1988.

_____. *O sistema totalitário*. Lisboa, Publicações Dom Quixote, 1978.

COSTA, Eloísa Helena de Campos; GOMES, Carlos Minayo. Superar a cultura da violência: um desafio para a escola. In: TEVES, Nilda, RANGEL, Mary (orgs.). *Representação social e educação*. Campinas, Papirus, 1999, p. 159-176.

MOSER, Antonio. *O enigma da esfinge*. Petrópolis, Vozes, 2001.

RANGEL, Mary. *"Bom aluno"*: real ou ideal? Petrópolis, Vozes, 1998.

_____. *Representações e reflexões sobre o "bom professor"*. 6. ed. Petrópolis, Vozes, 2002.

REIGOTA, Marcos. *Meio ambiente e representação social*. 3. ed. São Paulo, Cortez, 1998.

TEVES, Nilda. A representação do próprio corpo na ressocialização de jovens de rua. In: _____ RANGEL, Mary (orgs.). *Representação social e educação*. Campinas, Papirus, 1999, p. 11-46.

Ainda sobre Orientação e Supervisão Educacional

Mírian Paura S. Zippin Grinspun

O que pretendemos demonstrar — com a reflexão desses estudos — é que hoje estamos vivendo um mundo extremamente rico, mas complexo, abrangente, com problemas que vão da globalização à política neoliberal, da riqueza à miséria total, da rede de conhecimentos aos novos conhecimentos que estão sendo produzidos, dos produtos tecnológicos já postos no mercado àqueles que ainda nem foram criados ou inventados, e assim por diante, mas a educação ainda está sendo analisada de forma muito mais discursiva do que prática e real. Sem entrar no mérito da questão de cada um desses fatores ou de cada uma dessas dimensões, gostaríamos de chamar a atenção deste momento que vivemos com base em três grandes alicerces:

1. O conhecimento, como diz Boaventura Santos, está cada vez mais globalizado, e a ação cada vez mais localizada.

2. A educação que sistematicamente ocorre na escola, não acontece só dentro dela, como já se sabe, mas o que pouca importância se dá é que a comunicação e as novas formas de linguagem que existem no mundo, hoje, estão a exigir uma visão de educação que contemple essas novas formas, seus símbolos, suas representações;

3. O indivíduo não deve ser visto/atendido apenas como indivíduo isolado, mas como um sujeito social e, portanto, neste contexto a subjetividade deve ser considerada um fator significativo da modernidade.

Nesse sentido, totalmente a favor e defensora dos especialistas em educação — Orientador Educacional e Supervisor Escolar/Educacional — apresento como matéria de defesa desta posição o que denominei de doze razões e argumentações para existência desses profissionais na escola. Antes de mais nada ratifico minha posição contrária à dimensão de fragmentação ou divisão do trabalho na escola. Todos os docentes, professores e especialistas são importantes na escola, e assim como acho que todos nós sabemos a língua materna, sabemos fazer dados matemáticos no dia-a-dia, o professor de português e matemática, no caso explicitado, têm um conhecimento maior para ensinar as especificidades da área para as quais se habilitaram. Portanto, o Supervisor e o Orientador têm como os demais (e vice-versa) o conhecimento da educação, da escola, dos professores (aqui entendendo as questões ligadas ao processo ensino-aprendizagem), dos alunos, eles possuem a especificidade de sua área para contribuir para a *melhor* organização e dinâmica da escola onde atuam através de relações significativas professor-aluno. Atendendo, pois, a esta multiplicidade de ações que ocorrem na escola e na rede de conhecimentos que se realizam na escola cujo principal ator é o aluno, destaco essas razões já anunciadas:

1. A complexidade da vida moderna que trouxe para escola também uma complexidade específica além de sua própria finalidade.

2. A problemática dos conflitos sociais, dos dilemas que têm na escola — às vezes — como único lugar para resolvermos ou atenuarmos a problemática existente.

3. Os novos conhecimentos e os meios para aquisição desses conhecimentos e saberes dispostos na sociedade.

4. A necessidade de fazermos a formação voltada para um sujeito social e não apenas dotar um indivíduo de uma formação escolar e sim, como afirma Freitag, devemos ajudar o indivíduo na sua formação como cidadão.

5. A educação tem princípios e valores na sua própria dimensão teleológica e portanto precisa ser percebida não como um rol de disciplinas e programas, mas como uma instituição que tem uma filosofia própria e específica.

6. A dimensão da escola com uma dinâmica própria que precisa ser conhecida, compartilhada e entendida em termos de sua cultura escolar.

7. A questão dos currículos em que dois dados são significativos: a interdisciplinaridade e a contextualização.

8. O projeto político pedagógico da escola.

9. As relações pedagógicas que ocorrem no interior da escola e nas suas implicações com os outros fatores da sociedade.

10. A construção do conhecimento aliada à construção de valores e atitudes.

11. A discussão dos dados colocados na sociedade em especial a questão do trabalho.

12. A dimensão da subjetividade fazendo com que indivíduo tenha condições de receber e vivenciar além de aspectos cognitivos os aspectos afetivos/emocionais necessários à sua formação como pessoa.

Para ajudar neste processo amplo, os professores podem contar com os especialistas, não para separar o todo escolar em partes, mas para tentar ajudar a entender e dinamizar a escola, propiciando meios e condições para melhor formar o aluno, enquanto pessoa humana. Esta é uma tarefa em que Orientadores e Supervisores podem atuar/trabalhar, em conjunto beneficiando a Escola e seus protagonistas.

Orientadores e supervisores — a formação em debate

Mírian Paura S. Zippin Grinspun

A formação dos Orientadores e Supervisores está extremamente relacionada à formação em Cursos de Pedagogia, em nível de graduação. A estrutura e organização desse cursos, em termos históricos/legais, está expressa nos seguintes documentos:

- Decreto Lei 1190/4/04/1939. Organizou a antiga Faculdade Nacional de Filosofia, tornando obrigatório, juntamente com o diploma de licenciado em Pedagogia para o magistério em cursos normais, o bacharelado para o exercício dos cargos técnicos em educação. Essa formação de Técnicos de Educação visava atender os cargos provenientes de concursos para funções de administração, planejamento de currículo, orientação a professores, inspeção de escolas, avaliação do desempenho dos alunos e docentes, de pesquisas e desenvolvimento tecnológico da educação, no MEC, nas Secretarias de Educação.

- Decreto-lei-nº 8530 de 2/1/1946. Revoga o Decreto anterior, prescrevendo apenas que deveria haver *uma conveniente formação em cursos apropriados, em regra de ensino superior.* Não se cogitou, nesse documento de planejamento, orientação ou supervisão ou de outras especializações.

- Lei de Diretrizes e Bases nº 4024/61. Instrui sobre a formação de orientadores educacionais (no documento chamados de orientadores educativos) classificados em dois tipos: os do ensino primário (art.64) e os do ensino médio (art.63) com formação em *curso especial* a que tinham acesso os licenciados em Pedagogia, Filosofia, Psicologia ou Ciências Sociais.

- Parecer CFE nº 251/62. Fixa o currículo mínimo e a duração do Curso de Pedagogia, com fórmula única de quatro anos de estudo. Neste Parecer a Orientação Educacional foi excluída do Curso de Pedagogia, embora as demais habilitações fossem apenas apresentadas nas exigências de matérias a serem escolhidas pelas universidades e escolas, de uma lista mais ou menos variável de opções.

- Lei nº 5540 de 28/12/1968. Fixa normas de organização e funcionamento do ensino superior e sua articulação com a escola média. Vale observar que esta lei estava voltada para a formação das profissões já existentes na sociedade. Observemos que o profissional de Orientação Educacional foi criado pela Lei 5564 de 12/12/1968, portanto, anterior, à Lei 5540/68.

- Parecer CFE nº 292/69. Estudos pedagógicos e superiores mínimos de currículo e duração para o Curso de Graduação em Pedagogia. Foram previstas cinco habilitações: Orientação Educacional, Administração Escolar, Supervisão Escolar, Inspeção Escolar, Ensino das disciplinas e atividades práticas dos cursos normais. Quanto ao Planejamento esta habilitação — de acordo com as normas vigentes —, deveria ser deenvolvida em nível de Mestrado.

- Indicação n° 70/76 — Comissão Especial de Currículo. O preparo dos especialistas em educação. A importância dessa Indicação está no fato dela apontar para a necessidade de *habilitar o professor como especialista*. Afirma que *o magistério é visto como um só, na sua constituição de professores que se prolongam ou não em especialistas. Quer isto dizer que todos são ou devem ser basicamente especialistas.*

Além desses documentos básicos que tratam do Curso de Pedagogia, em geral, temos os específicos da área da Orientação Educacional. São eles:

- Lei n° 5.564 de 21/12/68 — provê sobre o exercício da profissão de Orientador Educacional;
- Lei n° 5692, de 11/08/1971 — fixa diretrizes e bases para o ensino de 1° e 2° graus e dá outras providências;
- Decreto Lei n° 72.846 de 26/09/1973 — que regulamenta a Lei 5564 de 21/12/1968, que provê sobre o exercício da profissão de Orientador Educacional.

A partir a década de 1990, começaram a surgir novas propostas dos cursos de Pedagogia advindas das próprias Instituições de ensino. A partir de 1998, com a criação da Comissão de Especialistas de Pedagogia, que tinha a finalidade de elaborar as diretrizes para este Curso, iniciou-se uma ampla discussão, em nível nacional, sobre a formação desses profissionais. Este movimento fundamentava-se nas posições apresentadas tanto pelas Coordenações dos Cursos de Pedagogia, como pelas entidades voltadas para educação como a ANFOPE, FORUMIR, ANPAE, ANPED, CE-DES e o grupo dos estudantes de Pedagogia.

Na atualidade, são os seguintes os documentos que *normatizam* os Cursos de Pedagogia:

- Parecer CNE/CP nº 5, de 13 de dezembro de 2005
Diretrizes Curriculares Nacionais para o Curso de Pedagogia.

- Parecer CNE/CP nº 3, de 21 de fevereiro de 2006
Reexame do Parecer CNE/CP nº 5/2005, que trata das Diretrizes Curriculares Nacionais para o Curso de Pedagogia.

- Resolução CNE/CP nº 1, de 15 de maio de 2006
Institui Diretrizes Curriculares Nacionais para o Curso de Graduação em Pedagogia, licenciatura.

- Parecer CNE/CP nº 3, de 17 de abril de 2007
Consulta sobre a implantação das Diretrizes Curriculares Nacionais para o curso de Pedagogia, decorrentes da aprovação dos Pareceres CNE/CP nº 5/2005 e nº 3/2006, bem como da publicação da Resolução CNE/CP 1/2006.

Obs: CNE/CP — Conselho Nacional de Educação — Conselho Pleno

Na Resolução CNE/CE nº 1 de 15/05/2006, que instituiu as diretrizes curriculares para o curso de Pedagogia, podemos destacar entre as orientações normativas destinadas a apresentar princípios e procedimentos a serem observados na organização institucional e curricular, o *retrato* do que se pretende hoje nos Cursos de Pedagogia. A educação do licenciado em Pedagogia deve propiciar, por meio da investigação, reflexão crítica e experiência no planejamento, execução, avaliação de atividades educativas, aplicação de contribuições de campos do conhecimento filosófico, histórico, social, antropológico, ambiental-ecológico, psicológico, lingüístico, sociológico, político, cultural e econômico. A formação do licenciado deve se fundamentar no trabalho pedagógico realizado em espaços escolares e não escolares que têm a docência como base.

O curso se destina à formação de professores para exercer funções de magistério na Educação Infantil e nos anos iniciais do Ensino Fundamental, nos cursos de ensino médio, na modalidade normal, de educação profissional na área de serviços e apoio escolar

De acordo com os documentos legais, observa-se que o curso deverá atender à diversidade social, étnico-racial e regional do país; a pluralidade de idéias e concepções pedagógicas; o conjunto de competências dos estabelecimentos de ensino e dos docentes; o princípio da gestão democrática e da autonomia, com três núcleos básicos: núcleo de estudos básicos; núcleo de aprofundamento e diversificação de estudos e o núcleo de estudos integradores. Enfatiza-se a premência que o Curso de Pedagogia forme licenciados cada vez mais sensíveis às solicitações da vida cotidiana e da sociedade, profissionais que possam conceber alternativas de execução para atender às finalidades e organização da escola básica, dos sistemas de ensino, dos processos educativos não escolares, contribuindo para uma sociedade mais justa, equânime e igualitária.

A formação dos supervisores e orientadores

De acordo com a Resolução CNE/CP n° 1 de 15/05/2006, esta formação está fundamentada nos art.14 e suas normas:

Art. 14. A licenciatura em Pedagogia, nos termos dos pareceres CNE/CP n° 5/2005 e 3/2006 e desta Resolução, assegura a formação de profissionais da educação prevista no art. 64 em conformidade com o inciso VIII do art. 3° da Lei n° 9346/96.

1° Esta formação profissional também poderá ser realizada em cursos de pós-graduação, especialmente estruturados para este fim e abertos a todos os licenciados.

2° Os cursos de pós-graduação indicads no parágrafo 1° deste artigo poderão ser complementarmente disciplinados pelos respectivos sistemas de ensino, nos termos do parágrafo único do art. 67 da Lei n° 9394/96.

De acordo com o Parecer CNE/CP n° 3/2007, o objetivo do Curso de Pedagogia, hoje, consoante o que está contido no Parecer CNE/CP n° 5/2005 e que fundamenta os novos conceitos deste Curso, é o seguinte:

> O curso de licenciatura em Pedagogia destina-se à formação de profesores para exercer funções de magistério na educação infantil e nos anos iniciais do Ensino Fundamental nos cursos de ensino médio, na modalidade Normal, de Educação Profissional na área de serviços e apoio escolar e em outras áreas nas quais sejam previstos conhecimentos pedagógicos.

Diante dessas indicações e novas diretrizes curriculares, destacamos que a **formação dos supervisores e orientadores educacionais não é mais realizada de um modo geral na graduação, e sim em nível de pós-graduação.** Os licenciados, hoje, em Pedagogia estão relacionados à educação infantil e as séries iniciais, bem como as áreas de atuação contempladas nas grades curriculares de seus cursos.

Numa síntese sobre esta formação atual, apresentamos alguns pontos que merecem atenção e reflexão, no que tange à formação que estamos tratando:

> — a Resolução em vigor não abordou — de forma mais incisiva — a formação do Orientador Educacional, que se fundamenta em legislação própria e especí-

fica (Lei 5.564/68 e Decreto nº 72.846 de 26/09/73). Neste Decreto que regulamenta a Lei que provê sobre o exercício da profissão de Orientador Educacional, está escrito no segundo artigo que — *O exercício da profissão de Orientador Educacional é privativo: Dos licenciados em Pedagogia, habilitados em Orientação Educacional, possuidores de diplomas expedidos por estabelecimentos de ensino superior oficiais ou reconhecidos.* (parágrafo I)

Nesse sentido, podemos perguntar: Como fica o parágrafo primeiro desse artigo, em face das novas Diretrizes? Também na Res. nº 1/2006 o art.15 diz ficam revogadas a Resolução nº 2, de 12/05/1969, e demais disposições em contrário. No caso dos Orientadores Educacionais, ela está expressa no Decreto 72846/73 e, portanto, está além do previsto na Res.2/69. Como devemos proceder?

Em síntese reafirmamos, ratificamos, ressaltamos a importância dos Orientadores Educacionais e Supervisores Educacionais na Escola, e sobre a formação analisada identificamos que:

— a Resolução merece uma (re)leitura para atender as observações que ainda não estão totalmente esclarecidas ou que podem trazer discordâncias;

— incentivar nas Instituições de ensino superior — de acordo então com a Resolução — os cursos de pósgraduação para os que se interessam pelas áreas assinaladas.

A formação é necessária não apenas por exigência legal, mas para estarmos mais bem preparados para fazermos o melhor no exercício de nossas atribuições, consoante com o momento histórico social que vivemos e com as conquistas, na educação, já apreendidas.

Sobre as Autoras

ROSY ROSALINA SCAPIN TROTA, licenciada em Pedagogia pela Universidade Federal do Rio de Janeiro (UFRJ), especializando-se em Orientação Educacional, pela Universidade Santa Úrsula. Mestre em educação pela UFRJ, com dissertação de mestrado na área de Orientação Educacional. Trabalhou como Orientadora a partir de 1970 em escolas públicas e particulares, no ensino fundamental e médio. Foi chefe do Serviço de Orientação Educacional do Instituto de Educação do Rio de Janeiro. Professora da Universidade do Estado do Rio de Janeiro (UERJ) desde 1986. Minha vivência profissional enriqueceu minha maneira de ser, agir e pensar, pois a pessoa que hoje sou devo a uma maneira mais compreensiva de ver o ser humano.

MARIA DO CARMO MACCARIELLO, doutora em Sociologia — Universidade de São Paulo (USP) e Professora Adjunta da UERJ.

MIRIAN PAURA SABROSA ZIPPIN GRINSPUN, professora de 1ª a 4ª série pelo Instituto de Educação do Rio de Janeiro, licenciada em Pedagogia pela PUC-RJ, especializando-se posteriormente em Orientação Educacional pela UERJ. Mestre em Educação pelo IESAE da Fundação Getúlio Vargas com dissertação de mestrado defendida em Orientação Educacional. Doutora em Filosofia pela Universidade Gama Filho, com tese também apresentada nesta área: *O Espaço Filosófico da Orientação Educacional na Realidade Brasileira,* que posteriormente foi transformada em livro. Foi Orientadora Educacional, por 16 anos em escolas da Rede Pública. Professora Adjunta por concurso, atua em nível de graduação e pós-graduação na UERJ, atuou, em nível de graduação na Universidade Gama Filho e em nível de pós-graduação no IESAE da Fundação Getúlio Vargas, sendo professora titular da disciplina de Orientação Educacional. Foi titular da Coordenação Setorial de Orientação da Secretaria Estadual do Rio de Janeiro. Tem inúmeros trabalhos publicados, bem como pesquisas promovidas pelo convênio INEP/MEC e IESA/FGV, na área de Orientação Educacional. Além do exercício do magistério e da pesquisa, é membro titular do Conselho Superior de Ensino e Pesquisa da UERJ. Leciona nos cursos de pós-graduação do CEFET e da FABES.

ELMA CORREA DE LIMA, professora do Departamento de Estudos Aplicados ao Ensino da UERJ, nos apresenta o seu texto "Refletindo Políticas Públicas e Educação". A autora sinaliza as mudanças que vem ocorrendo no campo educacional com repercusões na educação básica e na educação superior, notando-se o possivel papel do supervisor em relação aos "Parâmetros Curriculares"(...) com a implantação dos Parâmetros Nacionais (Brasil MEC, 1997), a supervisão educacional poderá ser uma grande aliada do professor na implementação, associada à avaliação crítica, desses parâmetros. Para alcançar esse objetivo a supervisão deve ser baseada na participação, na cooperação, na integração e na flexibilidade. Reconhece-se a necessidade de que o supervisor e o professor sejam parceiros, com posições e interlocuções definidas e garantidas na escola.

MARY RANGEL, doutora em educação pela UFRJ com Pós-doutorado na área de Psicologia Social pela Pontifícia Universidade Católica de São Paulo (PUC-SP). Professora titular de didática da Universidade Federal Fluminense (UFFF) e titular da área de ensino aprendizagem da UERJ. Supervisora pedagógica com inúmeros trabalhos publicados na área de educação e da Supervisão Escolar.